九条という病

憲法改正のみが日本を救う

西村幸祐

ワニブックス
|PLUS|新書

前文ばかりではない、当用憲法の各条項はすべて同様の死文の堆積です。こんなものを信じたり、有り難がったりする人は、左右を問わず信じる気になりません。

（福田恆存『当用憲法論』）

はじめに

何かがおかしい、と気づく人はそれなりの嗅覚と〈常識〉を持っている。そんな嗅覚と〈常識〉を働かせるには、ものごとをできるだけ客観的に見て、複数の視点、角度から眺めることが不可欠になる。

例えば、現行憲法は「平和憲法」と呼ばれているが、一般的に誰もが否定できない〈平和〉という概念がキャッチフレーズのように現行憲法を規定することになる。それに何らかの疑問を抱く人がいても不思議はないだろう。

なぜなら、〈平和〉とは何かという問いには複数の答えがあり、幾通りの解釈もできるからだ。〈平和〉とは、決して〈戦争〉の単なる反意語ではないという認識を持てなければ、「平和憲法」という記号は、宗教の経典よろしく神聖で侵されざる聖典としてしか存在できなくなる。

実際、我が国の憲法学者なる存在は、中世スコラ哲学の聖職者のように、憲法の〈聖書〉としての解釈だけに一生を費やすという世にも稀《まれ》な滑稽な存在として知られる。

平成三〇（二〇一八）年一二月二〇日、日本海上空を警戒飛行中の海上自衛隊哨戒機《しょうかいき》が謎の韓国海軍艦船を発見し近接を試みると、攻撃レーダーの照射を受けるという事件が起きた。我が海自P－1哨戒機は身の危険をものともせず、迂回《うかい》しながら韓国海軍駆逐艦に緊急周波数を使い英語でこう呼びかけた。

「This is Japan Navy, This is Japan Navy……」。以下翻訳する。「こちら日本海軍、こちら日本海軍、貴艦のFCアンテナ（火器管制レーダー）が我々に向けられたことを確認。貴艦の行動の目的は何か？」

攻撃レーダーを照射した韓国駆逐艦からの返答は何もなかった。返答がない時点で韓国駆逐艦は海自哨戒機から攻撃されても不思議はない。この緊迫したやり取りの映像は公開され、日本の正当性が明らかにされた――ちなみに、海上自衛隊はこの映像をメディアに渡さず、直接ユーチューブとSNSで公開した。七〇年以上続く、自衛隊への偏向報道を避ける目的だろう。

だが、この事件は別の大きな問題を浮き彫りにした。日本国憲法第九条で日本は軍隊を持てないことになっているにも拘《かかわ》らず、哨戒機に搭乗する自衛官は世界の〈常識〉に沿って「こちら日本海軍」とコールしたからだ。

恐らく二〇年前なら、朝日新聞とＮＨＫが中心となって大騒ぎし、「日本海軍とは何事か！」「憲法違反の自衛官を処分しろ」となったはずだ。ところがそれはなかった。彼らはそういう報道ができなかったのだろう。四年前、すでにそのようなメディアの暴走を止められていたのは、〈現実〉が〈嘘〉と〈偽善〉と〈虚構〉に打ち勝ち、幻想を乗り越えられる状況に私たちが置かれているからだ。

憲法九条が戦後日本の平和を守ってきたという〈嘘〉、憲法九条が世界を平和へ導くという〈偽善〉、憲法九条が人を殺さないという〈虚構〉。それらの謳《うた》い文句がもはや有効性を持ち得ないことに気づいた日本人は少なくない。

ウクライナ戦争の勃発で日本人の安全保障、軍事への意識が変わったと言われるが、実は一〇年以上前から多くの日本人は薄々自覚できるようになっていたのではないか。

冒頭に書いた〈常識〉で言えば、日米安全保障条約と憲法九条がセットになっていることは、ちょっと気の利いた中学生なら理解できるだろう。

アメリカの占領下に六年八ヶ月も置かれた日本が昭和二六（一九五一）年九月八日、サンフランシスコ講和条約に吉田茂首相が署名し、条約が発効する半年後の昭和二七（一九五二）年四月二八日に独立することになった。即ち、主権の回復である。だが、吉田はサンフランシスコ講和条約に署名した日に、日米安保条約にも署名していた。日米安保条約の発効は、主権回復と同じ四月二八日だった。

つまり日本は、主権回復で連合国軍による軍事占領が解け、独立を果たすわけだが、同時に日本各地のアメリカ軍基地が日米安保に基づいて居残りつづけることになった。なぜ、そんな屈辱的なことを許容できたのかというと、日本の非武装を謳う憲法九条があるからだ。それは「平和憲法」の名のもとにアメリカ軍の日本占領を永久化することだった。

何が言いたいのかと言うと、これまで九条護憲派が主張してきた「反安保・九条死守」という定番となったお題目が、完全に論理破綻した寝言のようなものであるということ、それを確認してほしいのである。

本書はウクライナ戦争が深刻さを増すなかで企画、執筆された。今こそ、私たちは憲法九条の平和幻想から脱却し、事実に基づいた歴史に学ばなければならない。本書により一人でも多くの方が〈九条という病〉から回復できることを心より願っている。

なお、巻末に十七条憲法、大日本帝国憲法、日本国憲法の全文を収録した。本書を一家に一冊、ぜひ常備薬としてお勧めしたい。

はじめに …… 3

序章 戦後日本の宿痾《しゅくあ》 …… 13
ウクライナの人たちの戦う気概 …… 14
荒谷卓《あらやたかし》氏の言葉 …… 17
日本国憲法第九条の言っていること …… 20
各国の「不戦」規定 …… 25
国家というもの …… 28
国体とは何か …… 29

第一章 ウクライナ戦争がパンドラの匣《はこ》を開けた …… 37
戦後初めて日本人が安全保障に関心を持った …… 38
核シェルター購入に走る人 …… 40
プーチン大統領の核恫喝《かくどうかつ》は他人事じゃない …… 43
実際に日本に照準を定めた核ミサイル …… 44
迷走するシナ …… 46

ウクライナ国民の姿勢……48
所詮喜劇俳優とみられていたのに……49
親ロのはずだったドイツも、永世中立のスイスも……50
戦うということ……52
頓珍漢な識者——ホロドモールを知らないのか……54
ウクライナ徹底抗戦の理由は日本人も知っているはず……58
日本とウクライナは相似形……60

第二章　改めて安全保障について考える……63

「抑止」とは？……64
軍事同盟を結んでいないことの怖さ……68
支援国であっても、同盟国であっても、心底信頼できるものではない……70
兵士への顕彰……72
法的に自衛官の置かれている位置……75
障害だらけの自衛隊……78
予算が足りず、弾薬がない自衛隊……82
仮に今、日本がミサイル攻撃されたら……84

上陸作戦に対処できない自衛隊 86
第二の敗戦――自衛隊はアメリカ軍に組み込まれている 88

第三章　核武装議論忌避こそガラパゴス 89

核武装論に纏《まつ》わる日本独自の根本問題 90
核攻撃の種類 92
核相互確証破壊とは? 95
同じ敗戦国でも 98
日独の憲法の差が顕現した事件 100
「ドイツに学べ」はまさに正論だ 102
日本人の核アレルギーの根っこと九条 104
日米安全保障条約は万能ではないから 105

第四章　憲法第九条という病巣 109

バイデンと日本国憲法第九条の面白い関係 110
出る杭《くい》は打たれる――日本の現実 114

九条が存在することは、自分たちを全否定することになる……121
西部邁の慧眼……124
日本人は幸福ではない？……129
実は日本はウクライナ戦争に参戦している？……131
ウクライナ戦争を受けて対外政策大転換……132
ドイツと日本の大きな違い……135
共産主義思想の刷り込みとお上に対する意識……136
ＧＨＱは真っ赤っかだった……137
日本を研究したアメリカ、アメリカを拒絶した日本……139
三島由紀夫について……143

第五章　改めて憲法、そして日本国憲法について考える……151

「憲法」で分断されている日本……152
憲法をもっと身近なものとして考えたい……153
憲法の常識、非常識……156
「十七条憲法」は世界に誇る知的財産……158
十七条憲法に見る〈日本型民主主義〉……160

「日本国憲法」は「ハーグ陸戦条約」違反!? …… 163
実は日本国憲法の改正を期待しているアメリカ …… 169
「連合国（国連）憲章」と日本国憲法の矛盾 …… 171
無理筋の制定だった日本国憲法 …… 174
「自虐史観」を下支えしている「八月革命説」 …… 179

おわりに　憲法改正のみが日本を救う
——本書の「おわりに」は「はじまり」である …… 181
もう考えるのは終えよう、すぐに行動を …… 197

十七条憲法 …… 201
大日本帝国憲法 …… 213
日本国憲法 …… 237
参考文献 …… 254

序章　戦後日本の宿《しゅく》痾《あ》

平和を守るということは立派なことです。ですが、第二項がいけないでしょう。第二項がアメリカ占領軍が念押しの規定をしているんですよ。（中略）憲法は日本人に死ねと言っているんですよ。

（三島由紀夫「ジョン・ベスターのインタビュー」）

ウクライナの人たちの戦う気概

今年（二〇二二年）二月のロシアによるウクライナ侵攻、即ちウクライナ戦争は様々なところに影響を及ぼしているが、世界中で安全保障に対する意識の高まりが見られる。普通に生活が営まれている空間にミサイルや砲弾が飛んできて炸裂《さくれつ》する。戦車がやってきて街と人を蹂躙《じゅうりん》する。こんなことが実際に起きているからだ。

実はこれはシリアやアフガニスタン、イエメン、リビアなどでも二一世紀になって現在進行形で起きていることなのだが、ヨーロッパの国であるウクライナで起きたことが強烈なインパクトになったのだろう。加えて一般市民がミサイルや砲弾を避けて地下鉄の駅に避難する映像が繰り返し流され、さらなる衝撃を与えることとなった。

ちなみにロシアのプーチン大統領は二〇二二年二月二四日、「ロシア、そして国民を守るにはほかに方法がなかった」とウクライナ攻撃開始を宣言する演説で述べている。親ロシア派の組織が占拠しているウクライナ東部（ドンバス地方）で、ロシア系住民をウクライナ軍の攻撃から守り、ロシアに対する欧米の脅威に対抗するという「正当防衛」の主張だ。

しかしロシアの行動は《すべての加盟国は、その国際関係において、武力による威嚇又は武力の行使を、いかなる国の領土保全又は政治的独立に対するものも、また、国際連合の目的と両立しない他のいかなる方法によるものも慎まなければならない。》という連合国（国連）憲章第二条第四項に違反している。

また、連合国（国連）憲章第四二条には《安全保障理事会は、第四一条に定める措置では不充分であろうと認め、又は不充分なことが判明したと認めるときは、国際の平和及び安全の維持又は回復に必要な空軍、海軍又は陸軍の行動をとることができる。この行動は、国際連合加盟国の空軍、海軍又は陸軍による示威、封鎖その他の行動を含むことができる。》と記されており、国際法規範を逸脱し、平和を破壊する者に対して加盟国が軍事的制裁を科せることが定められている。所謂《いわゆる》集団安全保障体制である。

しかし、集団安全保障を展開するには連合国（United Nations）――「国際連合（国連）」は敗戦国日本の意図的な誤訳――安全保障理事会（安保理）決議の採択が必要である。ロシアは安保理の常任理事国で拒否権を持つため、安保理は機能しない。つまり集団安全保障体制でのロシアへの軍事的制裁は不可能だということになる。

ロシアの侵攻が始まった当初、その圧倒的な軍事力の差に、世界では短期間でウクライナは降伏すると見なされていた。ウクライナのゼレンスキー大統領ももともとは喜劇俳優だったことから、戦う気概などなく、他国に亡命するだろうと思われていた。そうなるとロシアの傀儡《かいらい》政権が樹立され、ウクライナは完全にロシアの属国と化するだろうとも言われた。

ところがロシアが流したと思われる「ゼレンスキーは首都キーウから逃げた」という偽情報にすぐさまゼレンスキーは反応し、「私はキーウにいる。ここから逃げも隠れもしない」とSNSで発信し、国家のために生命を捨てる気概を示した。そもそもウクライナ国民は戦う姿勢でいたが、この大統領の声明も彼らの戦う気概に火をつけた。一八歳から六〇歳までの男性の出国は禁じられたのだが、それに抗する国民はなく、逆に銃をとった。諸外国からも支援のために兵士や一般の人が数多く駆けつけている。

ウクライナ国民は世界標準の国家観を持っていて、「国家がなくなること」「国家の自由が剝奪されること」の恐ろしさを知っている。これは歴史的にロシアから様々な迫害を受けてきたこともあるだろうが、彼らは自分よりも大切なことのために命を捨てることを厭わない。

それに対して我が日本はどうだろう？　いざ外国の侵略を受けた際、戦う気概を持っているだろうか？

荒谷《あらや》卓《たかし》氏の言葉

「戦うこと」について、陸上自衛隊の特殊作戦群——所謂《いわゆる》、特殊部隊——初代群長である荒谷卓氏がとても重要なことを述べている。

《全体の幸福を正しいと信じ、これに従って、一所懸命に生き、身の危険に直面しても精神は妥協せず前へ前へと踏み出す気概を持った戦闘者は、戦いに臨んで、死に至るかもしれない。しかし、重要なのは生死の結果より、理想とすることをいかなる状

況でも貫くことであり、それこそが「戦う」ということである。》（『戦う者たちへ』〈並木書房〉）

ウクライナの人たちがこの気概を持っていることは明白だ。安全でない、即ち〈不安全〉な実態から目をそむけて安心を求めることなく、不安全なものを不安全だと認める勇気を持っている。だから戦っている。

荒谷氏は前掲書で、北朝鮮による拉致問題を例に日本人がその勇気を持っていないのではないかと提言している。拉致がこれまで何度も繰り返され、その犯人が一人も捕まっていないのに、誰もこの状況を危険視しないのはなぜだろうかと。

荒谷氏曰くこれは国家の問題でもある。現実に拉致被害者が多数存在しているのに、政府は「拉致はあってはならない」と言うだけで、新たな拉致防止の具体策もとらない。まずは新たな被害者を出さないための対策をとったうえで、すでに被害に遭った人たちの救出にあたるべきだ。

荒谷氏の説に完全に同意するのだが、日本国憲法の前文にある《平和を愛する諸国民の公正と信義》に期待するあまり、国際社会に悪意などあるはずがないと信じれば、毅然とした政治的対応など必要なくなる。日本人はもはや地域社会や国際社会の不安全な現実に立ち向かう気概を失っているのだろう。憂慮すべきことだ。

そのうえで荒谷氏は以下のように述べている。

《九条（引用者注：日本国憲法第九条）は人権という美名の下に、社会集団に対する犠牲的精神を嫌うエゴイストを正当化し、「侵略国の国旗を掲げて歓迎することはあっても、戦いは放棄する」という「精神価値の放棄」を日本人にあたえた。これは、奴隷的精神である。敵意のあるものに対して、一方が「戦わない」と宣言したからといって、平穏でいられることなど、現実にはあり得ない。いじめっ子に、無抵抗でいたらどうなるか予想がつくはずだ。

憲法九条の精神では、同胞が拉致され、その家族が苦悩している状況を自らの問題として考えることもなく、ましてや理不尽を正すためには戦いも辞さないという発想は全く出てこないだろう。

結局、戦後の日本人が憲法精神に従って放棄したのは「戦争」ではなく、「戦うことも辞さない正義心を持った生き方」なのではないか。》(前掲書)

これは戦後から日本の抱えている深い病巣を鋭く指摘している。結局、戦後日本の抱える問題の原因のほとんどすべては日本国憲法第九条に収斂《しゅうれん》されていくのではないだろうか。では憲法第九条とはいったいどういうものなのだろうか?

日本国憲法第九条の言っていること

改めて憲法第九条を引用する。

《第九条　日本国民は、正義と秩序を基調とする国際平和を誠実に希求し、国権の発動たる戦争と、武力による威嚇又は武力の行使は、国際紛争を解決する手段としては、永久にこれを放棄する。

② 前項の目的を達するため、陸海空軍その他の戦力は、これを保持しない。国の交

戦権は、これを認めない。》

日本国憲法には「三大原則」なるものがあるとされているが、それは「国民主権」「基本的人権の尊重」「平和主義」だ。そのうち平和主義が第九条に由来すると言われているが、では「平和」とは何だろうか。

平和の辞書的な意味は《①戦争もなく世の中が穏やかであること。また、そのさま。②争いや心配事もなく穏やかであること、また、そのさま。》（『大辞林』〔三省堂〕）である。

人は辞書で生きているわけではないから、「平和とは何か」については様々な意見があるだろう。反対語を考えれば理解が深まるとして、平和の反対を「混乱」「無秩序」と考える人もいるように、平和の反対語は「戦争」という単純な話ではない。

平和という言葉は明治期に、「Peace」の訳語としてあてがわれた。Peaceの語源はラテン語の「Pax」である。ローマの平和を「パクス・ロマーナ」と呼んだのは一八世紀のイギリスの歴史家エドワード・ギボンだが、「Pax」はもともと「力によって平定された状態」を指した。ギボンもまたそれにしたがって、ローマ帝国の他国との「休戦状態」をそう呼んだ。

江戸時代が「パクス・トクガワーナ」と呼ばれるのは、徳川幕府が強大な軍事政権だったことがまず背景にある。徳川家康が「戦国時代の争乱状態を平定した」ということだ。それに先立って織田信長の「天下布武《てんかふぶ》」、豊臣秀吉の「天下惣無事《てんかそうぶじ》」のスローガンがある。「布武」も「惣無事」も平和という意味である。

信長の「天下布武」は軍事力を天下に敷くことで世の中が安定すること、つまり「天下統一」に必要な政策を指している。秀吉の「天下惣無事」は「惣無事令」という具体的な法令をもって大名間の私戦を禁止し、最終的には大陸進出のための「国家総動員」を目指した政策である。

少なくとも古来、平和（日本では幕末まで「和平」が多く使われた）は、「戦争状態ではない」ことを指してそう呼んだ。つまり、「戦争があることが常態」として考えられており、実は、それは二一世紀の今も変わらない。

「日本は敗戦後、戦争をすることがなかった」とよく言われる。「宣戦布告」したことも、されたこともないので、それはその通りかもしれない。しかし、「日本は戦争状態に置かれたことはない」というのは虚偽である。

大きな一つの例は、言うまでもなく、北朝鮮による拉致被害である。国家の三要素である「領土」と「国民」と「主権」のすべてを北朝鮮は侵害した。これは明らかに北朝鮮による戦争行為と言えるだろう。

平和主義とは本来「戦争がない状態をつくる主義」のことである。戦争がない状態をつくるためには、「自ら戦争を起こさないこと」と同時に、「他国に戦争を起こさせないこと」が必要となる。

自ら戦争を起こさないように努力することはできるだろう。しかし、他国に戦争を起こさせないようにすることはきわめて難しい。戦争を仕掛けるかどうかは、相手が決めることだからである。

ここで再び九条の条文を読んでほしい。この条文は「戦争がない状態をつくる主義」だろうか。「自ら戦争を起こさない主義」とは言えるかもしれない。しかし、「他国に戦争を起こさせない」という観点は完全に欠落している。

そして、この九条の最も重要な文言がある。それは、第二項の「戦力を保持しないこと」と「交戦権を認めないこと」だ。これは「抵抗できない状態を自らに強制する」ということを意味している。国民の生命と財産が危ういときに、抵抗する選択肢を持たないとする九条では、憲法の三大原則の残りの二つ、国民主権と基本的人権の尊重が守られないことにまず簡単に気がつく。

抵抗できない状態を自らに強制した場合、極端に言えば、攻撃者の実力によって、確かに戦争は即時なくなるかもしれない。ただし、そのときには日本国民の主権と基本的人権は蹂躙《じゅうりん》されるだろう。騙されてはいけない。九条は決して平和主義ではないのだ。客観的に正確に言えば、奴隷主義、あるいは隷属主義と言える。奴隷の〈平和〉状態を招き、容認するイデオロギーにほかならない。

平和とは守るものではなく、守った結果が平和なのだ。つまり、もし〈平和主義〉というものを打ち立て、貫くのであれば、平和の反対概念である混乱と無秩序を抑止し、制圧できる戦闘力を高めなければならない。それは交戦権を認め、確保することにほかならない。

各国の「不戦」規定

現在、「侵略戦争」は「国際法」で禁じられている。さらに、国内法で「不戦」について規定している国はいくつもある。例としては、次のようなものがある。

＊イタリア共和国憲法

第一一条　イタリア国は、他国民の自由を侵害する手段および国際紛争を解決する方法としての戦争を否認する。イタリア国は、他国と等しい条件の下に、諸国家の間に平和と正義を確保する秩序にとって必要な主権の制限に同意し、この目的を有する国際組織を推進し、助成する。（引用者注：軍備放棄の規定はない）

＊大韓民国憲法

第五条　大韓民国は、国際平和の維持に努め、侵略的戦争を否認する。（引用者注：軍備放棄の規定はない）

＊フィリピン共和国憲法

第二条　フィリピンは、国策遂行の手段としての戦争を放棄し、一般に受諾された国際法の原則を国内法の一部として採用し、平和・平等・正義・自由・努力・すべての国との友好の政策を固く支持する。（引用者注：軍備放棄の規定はない）

＊ドイツ連邦共和国基本法（ボン基本法）

第四条　何人も、その良心に反して、武器をもってする戦争の役務を強制されてはならない。詳細は、連邦法律でこれを定める。

第二六条　諸国民の平和的共同生活を妨害する恐れがあり、かつ、このような意図でなされた行為、とくに、侵略戦争の遂行を準備する行為は、違憲である。このような行為は処罰されなければならない。

戦争遂行用の武器は、連邦政府の許可を得ることによってのみ、これを製造し、運搬し、商取引することが許される。詳細は、連邦法律でこれを定める。（引用者注：軍備放棄の規定はない）

このように、どの国も戦争、または侵略戦争を放棄している。「九条の平和主義は日本特有のもの」というのは誤りであり、敗戦した日本国民に〈平和〉をアリバイとしたプロパガンダを仕掛ける子供だましのような詐術である。しかし、〈平和主義〉を掲げる各国の憲法は「軍備放棄」まではしていない。当然だ。国民の生命と財産を守るためには、軍事力は必要不可欠だからである。

「軍備放棄をしている国もある」と言われる方もいるかもしれないが、それらの国は必ず、他国（同盟国）と「軍事同盟」を結んでいたり、他国（同盟国）に「軍事基地」を提供したりしている。軍事同盟とは第三国の攻撃あるいは防御に対し、武力行使を含む相互扶助を約束した、条約による二国以上の国家間の結合を言う。同盟国間の安全保障が主な目的である。また、軍事基地を置くということは自国領に等しい部分もあるので、仮に他国（同盟国）の軍事基地が第三国の攻撃を受けた際は、防衛のために戦うことになる。軍事力がなければ、平和は保たれない。これは世界標準の常識である。

決して平和の反対は戦争ではない。前述したように平和の語源が平定であるように、平和とは太古から人間の歴史に宿痾のようにつきまとう戦争、それがない状態のことであり、その瞬間が短く得難いものだから、それだけ尊い時間なのである。

国家というもの

現実の話として、我々は国家が安定していないと平穏な生活を送れない。それは現下のウクライナ、国家の運営が不安定なアフガニスタンやソマリア、ベネズエラなどの人たちの苦難を知れば理解できるはずだ。冷戦が終結した際、東側陣営の複数の国家が崩壊したが、そのときの各国民の置かれた状況を思い出してもらってもいい。

国家の最大の使命は国民の生命と財産、そして国益を守ることだ。一方で国家の安全――平和・独立および領土が守られ、自由と民主主義を基調とする国家体制が維持されること――を保障するのは国民の務めと言っていいだろう。つまり国家と国民は相互依存の状態にある。

国家の崩壊は多くの普通の国民に災厄をもたらす。勿論、国家の本質には、暴力によって裏打ちされた悪も潜んでいる。それでも多くの人には国家が必要なのだ。

現下の日本の指導者は戦後民主主義の弊害にどっぷり浸かっている。日本教職員組合（日教組）が教育現場を牛耳っていたため「国家とは何か」「国民の生命を守るとはどういうことか」を教えられたことは、まずない。逆に「国家は悪」「日本は侵略国家で、悪いことをたくさんした」と叩き込まれている。以前に比べればかなりマシになってはいるが、「国家とは何か」を真剣に語ろうものなら鼻で笑われるのがオチだ。この状況を改めて、世界標準の国家観を国民の総意として持つ必要がある。

国体とは何か

どんな国家にも、その国家を成り立たしめる根本原理がある。国のカタチ、あるいは国柄と言ってもいい。それを日本人は「國體（国体）」と呼んできた。しかし、現在は「国体」と言うと「国民体育大会」の略称として捉えられるか、あるいは、戦前の日本の暗黒時代のプロパガンダで、同調圧力の道具として見なされている。しかしそれは明らかな間違いだ。

では我が国の国体とは何だろうか？　世界の国にはそれぞれの国体があり、また、国体とは別に統治機能としての政体（Government System あるいは Government Body）がある。すでに明治八（一八七五）年に福澤諭吉は『文明論之概略』で日本文明と欧米文明やシナ文明との違いを表すときに「国体」をナショナリティ（Nationality）の同意語として説明していた。

《西洋の語に「ナショナリチ」と名るもの是なり。凡そ世界中に国を立るものあれば亦各其体あり。支那には支那の国体あり、印度には印度の国体あり。西洋諸国、何れも一種の国体を具へて自ら之を保護せざるはなし。》（西洋の言葉に「ナショナリティ」という言葉があり、世界の国々はそれぞれ国の体があり、シナはシナの、インドにはインドの国体がある。西洋諸国はいずれも一つの国体を備えていて自らそれを守らない国はない。）※抄訳西村

《又印度人が英に制せられ、亜米利加の土人が白人に逐はれたるが如きは国体を失ふの甚しきものなり。結局国体の存亡は其国人の政権を失ふと失はざるとに在るものなり。》（またインドが英国に征服され、アメリカインディアンが白人に駆逐されたような事態は、国体を失う酷い状態だ。結局、国体の存亡はその国の人が政権を失うことで決してしまう。）※抄訳西村

さらに福澤諭吉は、国体とは別に政治的正統性、統治機構のレジテマシーに言及する。

《二　国に「ポリチカル・レジチメーション」と云ふことあり。「ポリチカル」とは政の義なり。「レジチメーション」とは正統又は本筋の義なり。今仮に之を政統と訳す。即ち其国に行はれて普《あまね》く人民の許す政治の本筋と云ふことなり。世界中の国柄と時代とに従て政統は一様なる可らず。或は立君の説を以て政統とするものあり、或は封建割拠の説を以て政統と為す者あり、或は民庶会議を以て是とし、或は寺院、政を為すを以て本筋と為すものあり。》（それぞれの国には政治的正統があり、仮に政統と訳せば、それはそれぞれの国で人民が許す政治の本筋である。世界中の国柄と時代の変化により、政統は多様である。君主制を政統にする国や封建領主が並立している国、議会制民主主義で、あるいは宗教を政統とする国もある。）※抄訳西村

日本の長い歴史は古代から近代まで日本文明を形成してきたし、その日本文明が世界

の他文明のように途中で滅んでしまうことはなかった。そんな歴史の真実を福澤諭吉をはじめとする当時の一級の知識人は〈常識〉として知っていた。またそれは、何も知識人だけでなく、江戸時代の、世界に類を見ない教育や出版物の普及で、一般的な庶民ですら知っていたと言っても過言ではない。

その長い歴史と文明を断絶させることなく、絶えず継続させてきた日本人の文明力の中心には皇室、天皇がいた。つまり、日本の国体は天皇陛下、皇室の歴史的連続性とその実在なのである。天皇陛下がいらっしゃること。即ち、それが日本なのだ。

天皇陛下が国民の安寧を祈られ、祈っていただいている国民が天皇陛下を大切に思う。そういう関係を二六八二年間続けている世界最古の国家、それが日本なのだ。

敗戦直後の昭和二一（一九四六）年、国民がまさに食糧難に苦しんでいたとき、昭和天皇は全国巡行を始められたが、連合国最高司令官総司令部（ＧＨＱ：General Headquarters）民政局は不敬にも「メガネをかけた小男が国民から投石を受けて酷い目に遭うだろう」と予測し、投石者が出ないようにＭＰをつけたという。

ところがそれは、とんでもない思い違いで、昭和天皇のいらっしゃる場所は多くの国民で埋め尽くされ、皆が幸せそうな表情でお言葉を聞いて涙していた。とくに原爆被害を受けた広島では五万人が集まって、万歳を叫んでいる。家族や身内が大勢原爆で焼かれて亡くなっている。その広島で「天皇陛下万歳」が轟《とどろ》いたのだ。国体が表徴した瞬間だったが、その様子に驚愕《きょうがく》したGHQは、日本人の〈常識〉に慌てふためき、天皇巡行を中止させてしまった（約一年後再開）。そしてそれ以降の日本占領政策に変化を及ぼすことになった。日本人向けには皇室により融和的な姿勢を見せながら、実際は皇室の弱体化を見えない場所で推進することになったのだ。安定した皇位継承のため旧宮家の男系男子の皇籍復帰も決まるだろうが、旧宮家の臣籍降下（皇籍離脱）こそGHQが仕掛けた時限爆弾だった。国体が侵されると国家の土台が揺らぐ。国家の土台が揺らぐと国民の安寧は保証されない。国民が国体を、国家を守るために戦うのは自分たちのためであって、子々孫々のためでもあるのだ。

本章冒頭で二〇〇四年に戦後初の本格的な特殊部隊である、陸上自衛隊特殊作戦群を設立し、初代群長を務めた荒谷卓氏の言葉を、彼の著書から引用した。

初めて荒谷氏とお会いしたのはもう十数年以上前になるが、実は、そのとき彼は憲法をつくることに着手していた。陸上自衛隊を一等陸佐（陸軍大佐）で自主退官後、彼は明治神宮の武道場至誠館の館長に就いていた。

ジャーナリストで予備自衛官でもある才媛、葛城奈海氏のはからいで、荒谷氏のその「憲法を起草する会」に私も参加していたのである。葛城氏は東京大学の学生時代から合気道を究めるために明治神宮武道場至誠館に通っていた縁で、「憲法を起草する会」のメンバーだった。毎月一回平日の夜に、明治神宮武道場至誠館に各界から有志が集い、新たな憲法をつくるための議論と勉強会が行われていた。

仕事に忙殺されてなかなか参加が難しくなっていったが、「憲法を起草する会」に参加したときのことはいつまでも鮮烈で清新な記憶となっている。守衛所から特別に入る明治神宮の杜《もり》が漆黒の闇に包まれ、月明かりを頼りに武道場への道筋を確認すると、そこは東京の喧騒《けんそう》とネオンから隔絶された空間だった。まさに「憲法を書かなければならない」という意思を持った有志たちへの、月光による道標だった。

荒谷氏は二〇一八年に明治神宮武道場至誠館館長を辞し、三重県熊野市飛鳥町に「国際共生創成協会熊野飛鳥むすびの里」を設立した。「憲法を起草する会」は熊野の地で現在も活動が続けられている。

そんな荒谷氏を何度か雑誌の座談会にお招きしたことがあるが、そこでも忘れられない言葉を彼から聞いた。戦後初めての特殊部隊である陸上自衛隊特殊作戦群設立前に、ドイツ連邦軍指揮大学に留学したときのエピソードだ。彼はこう語ってくれた。

「私がドイツに留学していたとき、テレビ番組で神風特攻隊を扱った番組が頻繁に放送されていました。どういうことかと不思議に思って、ドイツ人に訊《たず》ねたんです。すると、『カミカゼは我々ドイツ人の歴史的な経験を遙かに超えた、インパクトのある出来事だから、取り上げられるんだ』という説明が返ってきた。

これを聞いていたほかの国の将校たちが『今はアメリカに尻尾を振っているけれど、いざとなると日本人はやるよな』と、そんな話をするのですよ。戦後の日本の安全は日米安保体制に守られているのではなくて、戦前・戦中の日本人の戦いぶりが強烈に世界中の人々の脳裏に焼き付いていて、『日本人はいざとなったら徹底的に戦ってくる』という畏怖の念に守られていたのではないかと思います」

つまり、明治以降に日本人が戦った歴史、否、中世において世界征服をしようとしたモンゴル帝国の元寇に打ち勝って以来、とくに大東亜戦争の特攻隊が最大の抑止力だということである。今年（二〇二二年）の五月一日に病気で亡くなったサッカー元日本代表監督のイヴィチャ・オシムは、二〇一〇年のワールドカップ南アフリカ大会で日本がベスト16で敗退後、メディアにコメントを求められこう述べていた。「日本人は勇敢な民族で侍の時代と特攻隊の歴史がある。しかし、パラグアイ戦ではそんな勇気が少々欠けていた」。オシムは旧ユーゴスラビア、ボスニア・ヘルツェゴビナ出身で、過酷な民族戦争を経験したので、なおさらそういった日本人の戦う力を評価していたのである。

それほどの戦闘力を削ぐために、アメリカやソ連は日本人の精神面の武装解除をしなければならなかった。アメリカがあの憲法の原案を突き付けた最大の理由である。荒谷氏はこう言葉を繋《つな》いだ。

「アメリカがこれだけ日本人を縛り付けて、それでも未だにまだ気持ちを緩めないのも、日本人の壮絶な戦い様の記憶があるからです。ご先祖様の戦いぶりを自分らで再評価し、その抑止効果が消える前に、新たな本物の抑止力を確立させないとだめですよ」

第一章　ウクライナ戦争がパンドラの匣《はこ》を開けた

日本国憲法の原案を起草したのは、日本を軍事占領していた連合国総司令部の民政局の職員たちだったのですが、その憲法起草チームのリーダー自身、のちのインタビューに答えて、「交戦権」の意味は「わかりません」と述べています。しかも、このリーダーはロースクールの出身者で、国際法にも明るい人なのです。

（長谷川三千子『九条を読もう！』）

戦後初めて日本人が安全保障に関心を持った

先の大戦に敗れ、ＧＨＱの占領政策の下、日本人は「祖国が侵略戦争をした」「悪いことをした」と徹底的に刷り込まれてきた。そして、侵略戦争をしないために「日本国憲法第九条がある」と。

我々は「自分たちは加害者になるかもしれない」と、ずっと思って（思わされて）きたわけだが、今回のウクライナ戦争を見て、多くの日本人が初めて「被害者になるかもしれない」と思うようになったのではないだろうか。

連日のようにネットメディアは勿論、ＴＶなどマスメディアでも一般市民の被害が報道されているわけだから、他人事《ひとごと》ではない。かつて石原愼太郎が惰眠《だみん》をむさぼる日本人、平和ボケの日本人の体たらくを嘆いて「東京にミサイルが一発落ちればいい。そうすれば流石《さすが》に目を覚ますだろう」と言ったが、そんな災厄が起きてしまう前に覚醒した人が少なからずいることになる。

実際、日本の安全保障に関する不安の声が各方面で出てきている。これを機に実のある議論と有効な安全保障体制が組まれることを願っている。

一方で問題なのは、果たして日本人に国を守るために銃をとる気概があるかということだ。

二〇一五年公開なので少し古いデータなのだが、スイスのチューリッヒに本部のある「ウィン-ギャラップ・インターナショナル」という世論調査機関が公表した「国のために戦う意思があるか」という国際調査がある（調査対象は六四ヶ国）。

「意思がある」が高かったのは、九四パーセントが「ある」と答えたフィジー、モロッコを筆頭に、ベトナムとパキスタンの八四パーセントが続く。ちなみにシナは七一パーセント、ロシアは五九パーセント、アメリカは四四パーセントとなっていて、日本は一一パーセントで最下位だ。

「こんなことで大丈夫か」と思わざるを得ない数字だが、一方でこの調査の回答には「意思はない」と「わからない」もある。日本は「意思はない」が四三パーセントで「わからない」が四七パーセントだが、今の日本の日常では「国が攻撃を受ける」ことがどういうことなのか、想像するのが難しい。ましてやこの調査は二〇一四年のものなので、現下のウクライナのような凄惨なニュースはなかった――あってもごく稀《まれ》だった。四七パーセントの「わからない」＝態度保留者も、祖国が理不尽な侵略に遭い、蹂躙《じゅうりん》されている光景を目の当たりにすれば、銃をとって戦うに違いない……そう期待したいところだ。

核シェルター購入に走る人

実際、今回のウクライナ戦争は確実に日本人の安全保障観に影響を及ぼしている。

先日、私の知人が電車で移動している際、隣に座った壮年男性のスマートフォンの画面が目に入ったという。それを見た知人は驚いた。その男性は家庭用核シェルターの販売画面を見ていたというのだ。実際、日本国内では住宅向けシェルターの販売業者へ問い合わせが相次いでいるという報道もあった（『沖縄タイムス』二〇二二年三月二三日）。

これは明らかにウクライナ戦争報道の影響だ。ウクライナ国民の日常の営みのなかにミサイルが飛んできたのだ。それを自らに当てはめて考える人が出てきてもおかしいことではない。

ウクライナには旧ソ連時代に造った核シェルターが各所にある。首都キーウの地下鉄アルセナーリナ駅の場合、地上から一〇五・五メートルの深さがあるという。仮に駅の真上の地表で二〇メガトン級の大型核兵器が爆発したとしても、持ちこたえることが可能とされている。

一方で東京の地下鉄駅で最も深いのは都営大江戸線の六本木駅の四二・三メートル。アルセナーリナ駅の半分にも満たない。通常兵器や戦場での使用を前提とした、比較的小規模な核兵器（戦術核）に耐えられても、当然メガトン級の核兵器（戦略核）には耐えられない。ましてや地下鉄や地下施設のない地方はどうなるのか。平和ボケ日本の負の遺産とも言えよう。

かつて北朝鮮のミサイルが日本上空を通過した際、「Ｊアラート」が発信されたことがある。Ｊアラートとは「弾道ミサイル攻撃に関する情報や緊急地震速報、津波警報、気象警報などの緊急情報を、人工衛星および地上回線を通じて全国の都道府県、市町村等に送信し、市町村防災行政無線（同報系）等を自動起動することにより、人手を介さず瞬時に住民等に伝達するシステム」である。

ただ、「弾道ミサイル攻撃がある」との警報を受けても、地下施設のないところにいる人はどうすればいいのか。「内閣官房　国民保護ポータルサイト」には《屋外にいる場合には、直ちに近くの建物の中、又は地下に避難してください。また、近くに適当な建物等がない場合は、物陰に身を隠すか地面に伏せ頭部を守ってください。屋内にいる場合には、できるだけ窓から離れ、できれば窓のない部屋へ移動してください。》と記されているが、こんなことで身の安全を守れるはずがない。

その冷厳とした現実に目覚めた人が家庭用核シェルターの購入に走っているのだろう。金銭的にゆとりがあって、一戸建てに住んでいる人は核シェルターの購入で済ませられるが、数多くの「そうでない」人はどうすればいいのか。結局、国が国民の保護のために動くしかないのだ。

ちなみに人口あたりの核シェルター普及率は、スイスとイスラエルが一〇〇パーセント、アメリカが八二パーセント、ロシアが七八パーセントで、日本は〇・〇二パーセントと限りなくゼロに近い。

プーチン大統領の核恫喝《かくどうかつ》は他人事じゃない

　二〇二二年三月五日、ゼレンスキー大統領がアメリカの国会議員団とのオンライン会議で、東ヨーロッパからのミグ29戦闘機の提供を求めた。これを受けて同年三月九日、アメリカ国防総省のカービー報道官が以下の声明をしている。

「ミグ29戦闘機の（ポーランドからの）ウクライナ移送は、事態の深刻化を招く可能性があると分析している。その結果、重大なロシアの反応を引き起こし、NATOとの軍事的な緊張が高まってしまうかもしれない」

　かつてのアメリカであれば、黙って移送していた――移送しないにしても、声明は出さなかった――はずだ。こういったことを明らかにしてしまうと、支援しようと考えている国――この場合はポーランド――は、萎縮して何もできなくなる。ある意味、味方に手の内を暴かれたようなものだからだ。

　実を言うと、アメリカのブリンケン国務長官は「ポーランドがウクライナにミグ29を提供するのであれば、アメリカはF‐16を提供するなどして、玉突きで武器を提供する」とコメントしていたのだが、バイデン大統領によって却下されたという経緯もある。

ここまでアメリカの腰が引けているのは、やはりプーチン大統領が核の使用を辞さないと明らかにしていることが大きい。ロシアは二〇一四年に軍事ドクトリン〈戦闘教義――その国の軍隊で共有化された軍事行動の指針〉を改訂したが、そのなかで《国家存亡の危機に立たされた場合の対抗手段として核兵器を使用する権利を保有する。》つまり「危ないと思ったら核を使う」と明確に記しているのだ。今回のウクライナ戦争でもそれは適用されているし、実際にプーチンは随所で核恫喝を行っている。核威嚇・核恫喝は外交において非常に重要なカードになる。だからこそ北朝鮮は絶対に核を放棄しないし、イランも開発をやめないのだ。

ただ、今回のウクライナ戦争では、「戦略核兵器使用に繋《つな》がるから戦術核兵器使用は思いとどまる」という〈抑止〉の構造が崩れるかもしれない。

実際に日本に照準を定めた核ミサイル

一九九三年五月二九日、北朝鮮が準中距離弾道ミサイル「ノドン」の日本海に向けた発射実験をして以来、日本は北朝鮮のミサイルの脅威に晒《さら》されつづけている。

しかし、北朝鮮よりずっと脅威なのはシナである。人民解放軍のロケット軍の保有する弾道ミサイル「東風21」は、射程一八〇〇～二一五〇キロメートルと推定されていて、日本のほぼ全域を攻撃することが可能だ。命中精度が非常に高く、建造物レベルのピンポイント攻撃も可能とみられている。この東風21を人民解放軍は一五〇基以上保有していると推定される。

東風21のほかに人民解放軍は「東風15」（射程は八五〇キロメートルと短いが南西諸島は射程内になる）を五〇〇基、「東海10」（アメリカのトマホークと同等の性能を持つとされる長距離巡航ミサイル）を五〇〇基保有している。

有力筋から聞いたところによると、人民解放軍はこれらのミサイルを常時日本に向けて用意しており、その核弾頭数は二〇〇にも及ぶという。一気に攻撃されたら日本は地球上から消滅するであろう。

迷走するシナ

そんなシナの潜在論理を晒け出した事件（？）があった。シナの「戦狼外交官《せんろうがいこうかん》」として知られる薛剣《せつけん》総領事（大阪）は、ウクライナ戦争勃発当時、ウクライナから学ぶべき教訓としてこんなツイートをしている。

《弱い人は絶対に強い人に喧嘩《けんか》を売る様な愚かをしては行けないこと！（別の）強い人が後ろに立って応援すると約束してくれてもだ。人に唆《そそのか》されて火中の栗を拾っては行けないこと。》（原文ママ。補足は引用者による）

つまり強い者に逆らうなということだ。強い者とは勿論シナのことだ。弱い者である日本は、シナが台湾に侵攻しても何もするなということだ。

この恫喝ともいえるツイートは猛批判を浴び、薛剣は「私の真意が理解されず残念」と釈明をしていた。

しかし、一〇日後、今度は王毅《おうき》外相が日中関係について記者会見で問われた際、日本への忠告として次の三点を挙げている。

「日中関係の方向について初心を忘れないこと」
「台湾問題や歴史問題で日中関係に大きな衝撃を与えないこと」
「時代の潮流に沿って行動すること」

そしてこう述べている。「世界の多極化や国際関係の民主化が、一国主義や覇権主義に取って代わるのは時代の必然だ。冷戦同盟や地政学的な対立では支持を得られない。火中の栗を拾うのはやめるべきだ」と。

アメリカの時代は終わり、シナの時代が来ると言いたいのだろう。しかしこれはロシアの暴挙によって、改めて権威主義国家の欠陥が明白になったことで間違いであることが実証された。

しかもシナはロシアよりも独裁色の強い全体主義国家だ。自由主義陣営は今後、民主主義を守るために結束をさらに強めていくことになるに違いない。

ウクライナ国民の姿勢

キーウ市長はボクシング元世界ヘビー級王者、ビタリ・クリチコだ。弟のウラジミール・クリチコも元ヘビー級王者で、二人とも身長二メートル、相手を見下ろす角度で強烈なパンチをくりだす。その兄弟がそろってロシアへの徹底抗戦を呼びかけている。ウクライナ国民にとってこれほど頼もしいリーダーはいないだろう。

また、現役のプロボクサーで、アメリカのリングを中心に最速の三階級制覇を成し遂げた英雄、ワシル・ロマチェンコも家族をギリシャに避難させた後、ウクライナに戻って祖国を守るために領土防衛隊に入隊した。彼は世界のボクシングシーンにおける中心的な選手であり、一試合で億単位のファイトマネーを稼ぎだす。そんな現役生活を中断してまで、祖国のために戦うことを選んだ。

ほかにも東京オリンピックの空手銅メダリストであるスタニスラフ・ホルーナは、ロシアの侵攻が始まった二月二四日、ウクライナ軍に入隊し、西部のリビウで戦っている。

「自分の国を守りたい」と、愛する家族を国外に避難させ、戦うことを選んだという。

　こういったアスリートをはじめ、様々なジャンルで世界的に活躍するウクライナ人が祖国のために戦う決断をしたことが報道されるのを目にするたびに、ウクライナの人々の決意と姿勢を痛感させられる。

所詮喜劇俳優とみられていたのに

　ロシアの侵攻以降、一般のウクライナ国民の戦う姿勢が世界的に称賛されているが、ゼレンスキー大統領の決断で注目すべきことが二つある。先にも少し触れたが、それは「ロシア軍が侵略を始めたとき、キーウに残ると決めたこと」――つまり祖国のために自らの生命を捨てる決断をしたこと。それから「一八歳から六〇歳の男性の出国を禁じたこと」である。これは勿論、ゼレンスキー自身が生命を捨てる決断をしたからこそ可能になった。ゼレンスキーが生命を捨てる覚悟で首都に残ったから、ウクライナ軍の士気は上がり、国民も「徹底抗戦」の覚悟を決めることができた。ロシア侵攻当初、喜劇俳優出身のゼレンスキーはウクライナから他国に亡命するだろうと見なされていたが、とんでもない。今や危機に瀕する祖国を率いる英雄となっている。

ゼレンスキーはイギリス議会の演説で「我々は決して降伏しない。決して負けない。どんな犠牲を払っても国を守るために、海で、空で、森で、街頭で、戦いつづける」と語っている。これは英仏連合軍がナチス・ドイツとの戦いで苦境に陥った際、当時のチャーチル首相が国民を鼓舞した演説からの引用だ。加えてシェイクスピアの『ハムレット』の有名な台詞《せりふ》「生きるべきか死ぬべきか、それが問題だ」を引用したうえで、こう続けている。「今、私ははっきりと答える。生きるべきだ」と。これはイギリス人の琴線に触れる。当然のように演説が終わったら、大喝采を浴び、落涙する議員もいた。

親ロのはずだったドイツも、永世中立のスイスも

二〇〇八年にドイツのメルケル首相（当時）がウクライナのNATO加盟を阻止しなければ、今回のウクライナ侵攻は起こらなかったはずだ。加盟していれば直ちにNATO軍が投入されることになるから、ロシアも流石に軽々に手を出せなかっただろう。これこそ「抑止力」である。

天然ガスパイプライン「ノルドストリーム」はドイツの親ロ政策の象徴である。ドイツは脱原発と脱炭素を掲げ、エネルギー供給をロシアの天然ガスに依存するようになった。そのため、ロシアのウクライナ侵攻後、ドイツはロシアのＳＷＩＦＴ（国際銀行間金融通信協会、正式名称はSociety for Worldwide Interbank Financial Telecommunication）からの排除に当初は反対していた。

プーチンは確信していただろう、「ロシアにエネルギーを握られているドイツが楯突くはずがない」と。しかしそんなドイツ政府に怒ったのがドイツ国民だった。ロシアとの徹底抗戦を主張するウクライナのゼレンスキー大統領への共鳴もあったと思うが、このままでは政権がもたないと焦ったショルツ首相はすぐに方向転換し、ロシアのＳＷＩＦＴ排除に賛成した。

まさに「民主主義」が機能している証左である。また、ショルツはＧＤＰ比二パーセント超を国防費に投じると宣言し、エネルギー政策の見直しに向けた議論も展開している。このドイツの動きの源泉にあるのは「今のままでは祖国が滅びてしまう」という国家の生存本能だろう。

さらに、中立であるはずのスイスまでロシアのあまりの蛮行に「ロシア制裁に加わる」決断をした。実を言うとこれはシナ要人にとってとんでもないことである。「スイスの資産を凍結されたら終わり」というのはシナ要人たちの共通認識なのだ。彼らの資産のほとんどは海外にあり、これを凍結されるのは〈悪夢〉。スイスがロシアの経済制裁に加わったことは「あなたたちがもし、ロシアを軍事支援したり、台湾への軍事侵攻を行ったりすれば、現在海外にある資産は吹っ飛びますよ」というメッセージになった。

戦うということ

ウクライナでは当初圧倒的に優位と見なされていたロシア軍に対し、ウクライナ正規軍と志願兵が勇敢に戦い、キーウ侵攻を図ったロシア軍を押し返した。キーウには祖国防衛のために二〇〇万人もの市民が留まって戦った。その士気は旺盛だ。さらに祖国防衛のために戦おうと、国外のウクライナ人が続々と祖国を目指しているという。

かつて福澤諭吉は『学問のすゝめ』のなかでこう記した。

《理のためにはアフリカの黒奴にも恐れ入り、道のためにはイギリス、アメリカの軍艦をも恐れず、国の恥辱とありては日本国中の人民一人も残らず命を棄てて国の威光を落さざるこそ、一国の自主独立と申すべきなり。》（理《ことわり》を理解するためにはアフリカの黒人奴隷にでも教えを乞い、人の道を守るためならイギリスやアメリカの軍艦であっても恐れず、国の恥辱となるようなことがあるなら、日本国中の人民が一人残らず生命を捨ててでも国の威光を落とさないようにすることこそ、一国の独立と言うべきものである。）※抄訳西村

福澤はヨーロッパ視察からの帰路の途中、香港に寄っている。そこで目の当たりにした、イギリス人がシナ人を畜生同然に扱う光景に衝撃を受ける。福澤は日本人が平穏な毎日のなか、自由を謳歌するには、国民全員が決死の覚悟で独立自尊の精神を守る必要があると確信したのだ。

大切なのは自分の生命ではなく、子々孫々の生命。次世代が自分たちと同じ「自由」を謳歌できるために戦うのである。今ある生命が「すべて」という考え方は間違ってい

る。生命より重いものはないという思考停止では国は守れない。民の生命と財産、領土と領海と領空を守ることこそ国防だが、最も大切なのは「独立」。生命と財産を守るのは当然だが、それだけではない。敵国の要求を呑《の》めば戦禍は免れるが、それは本当に自国の歴史や国柄にとっていいことなのだろうか？　ウクライナの人たちはそう思って銃をとって戦っているはずだ。だから世界中から称賛されているのだ。

頓珍漢な識者――ホロドモールを知らないのか

マスメディアに登場する識者のなかに「ウクライナは降伏すべき」と口にする人たちがいる。橋下徹元大阪市長が代表例だ。このまま戦いが長引くと犠牲者が増えつづける。だからウクライナはロシアに妥協すべきという論理だ。

ロシアを相手に武装解除したらどんな悲惨な運命をたどるか、歴史が証明している。ウクライナで一九三〇年代に起きた大飢饉《だいききん》「ホロドモール」が典型例だろう。

ウクライナはヨーロッパ有数の大穀倉地帯で、ここで収穫される小麦の輸出は、当時（一九二〇～一九三〇年代）のソ連にとって貴重な外貨獲得手段だった。そのためソ連政府の一方的な穀物収奪によってウクライナで食料が不足しても、スターリンは気に留めなかった。

ホロドモールについて少し詳述する。スターリン政権は一九二八年から一九三二年にかけて「第一次五ヶ年計画」を実施した。この計画では、社会の工業化、農業の集団化を目指したのだが、その実は「富農を階級として抹殺せよ」という凶暴なスローガンのもと〈富農〉から土地も財産も取り上げ〈平等化〉することだった。当時の穀物調達難の原因を富農による売り惜しみ、怠慢、サボタージュにあるとしたためだ。誰が富農であるかは共産党が決定した。恐らく相当恣意的に決めたことだろう。

その結果、大穀倉地帯だったウクライナでは約一一万人の農民が富農としてシベリア等の収容所に送られ、強制労働をさせられた。

さらに農業の集団化は徹底され、従わない者は強制移住になると脅し、集団農場に囲い込まれていった。加えて、土地も家畜も奪う集団化政策の強行は減産を招き、各集団に割り当てられた食料を供出すると、農民自身の分は残らなかった。

一九三一年には飢餓が広がりはじめ、ウクライナ共産党員からも、赤十字に救援物資を求めてほしいと要請が出たほどだが、スターリンは拒否し、翌年も穀物の徴発を命じた。しかしもうウクライナ農民には自分たちの食べる穀物はほとんど残っていなかったという。

一九三二年八月にはスターリンが法案を執筆した「国営企業、コルホーズ、協同組合の財産保護、および社会的（社会主義的）所有権の強化について」が布告された。同法によって、コルホーズの農産物はすべて国家の財産となり、許可を得ずにこれを窃盗した場合は、全財産没収をともなう死刑、または一〇年以上の自由剝奪となった。さらに食料の備蓄なども窃盗と見なされ、家に食料があること自体が捜査対象となった。勿論、こうした徴発政策で収穫高が上がることはなく、餓死者が続出した。その数は三三〇万人以上ともされている。

このホロドモールはロシア革命後、ウクライナの支配をめぐって起きた「ソビエト・ウクライナ戦争」（一九一七～一九二一年）でウクライナが降伏し、ロシアが指導するソビエト連邦に取り込まれた結果、起きたとも言えよう。

ウクライナにはまだその記憶がしっかり残っているためか、今回のロシア侵攻には徹底抗戦しているのだ。

　降伏の先にあるのはホロドモール同様、虐殺・拷問・民族浄化だ。ウクライナ国民は自由と独立のために立ち上がったのだ。ウクライナに降伏を勧める人たちは、日本がシナに侵略されても降伏を叫ぶのだろうか？


　我々はもっと「自由」について考察を深める必要がある。自由といったら「自分のやりたいことができること」と思っている日本人のなんと多いことか。そういう個人の自由にすぎないことは、国家の自由がなくなるとあっという間に消え去るものだ。我々の生活は国家が安定した独立を維持しているから営むことができるのであって、国家が崩壊すると一気に路頭に迷うことになる。

　繰り返すが、それはベルリンの壁崩壊やソ連の崩壊でも明白になったことだ。当時、一般のソ連国民や東欧諸国国民がどんなに酷い目に遭ったことか。個人の自由を守るためにも、国家の独立は絶対に守らねばならないのである。

　ウクライナは人命を優先して降伏すべきだと主張している人たちは、完全に自由というものを誤解している。

ウクライナ徹底抗戦の理由は日本人も知っているはず……

改めて言う。ウクライナには武器を置いて降伏するという選択肢はない。歴史的にロシア（ソ連）との戦いで降伏したあと、敗戦国の人々がどれだけ殺されたか、酷い目に遭ったかを知っているからだ。

実はそれは日本も経験している。昭和二〇（一九四五）年八月一四日、日本はポツダム宣言を受諾したが、そのあとにソ連に満洲、北支、朝鮮、樺太、千島列島を侵略され、北方領土を奪われている。そしてもし、占守島《しむしゅとう》（千島列島北東端の島）で一度武装解除をした陸軍が自衛のために戦わなかったら、今頃北海道はロシア領だったかもしれない。

当時、日本とソ連との国境の最前線にあたる占守島には、約八〇〇〇の日本軍の将兵がいた。ソ連との国境とはいっても、当時は「日ソ中立条約」を結んでいたため、アメリカ軍への備えだった。八月一五日、終戦の報《しら》せと武装解除命令があり、占守島の将兵たちは武器を置き、本土へ帰る準備をしていた。

しかし、八月一七日深夜、ソ連軍が占守島北端の竹田浜に攻め込んできた。ソ連は中立条約を一方的に破棄するという明らかな国際法違反をし、日本を騙し討ちにしたのだ。一九四五年二月、スターリンはヤルタ密約で、日本に対する戦争に参加する見返りとして南樺太と千島列島全島を得る了承を、イギリスとアメリカから得ていた。しかし、スターリンが本当に欲しかったのは北海道だった。北海道領有を諦められなかったスターリンは日本の敗戦が確実とみるや、千島列島や南樺太への侵攻を開始し、北海道を占領しようと画策したのだ。

「水際で止めないと、北海道が危なくなる」と察したのが、第五方面軍の司令官でナチスから二万ものユダヤ人を救った人物としても知られる樋口季一郎陸軍中将だった。陸軍きってのロシア通だった樋口の、ソ連の内在的論理を知り尽くしていたがゆえの察知だろう。樋口は停戦命令を出している大本営の了承は得ないまま、「断乎《だんこ》、反撃に転じ、上陸軍を粉砕せよ」と部下に命じたという。

一度戦う準備を解いた兵器は、また使えるように準備するのは大変困難だと聞いたことがある。そんななか、目の前に現れたソ連軍に対し、「祖国を守る自負と覚悟」を持った兵士たちは果敢に戦い、ソ連軍を次々に撃破した。「自らの命を犠牲にしてでも、祖国に暮らす人たち、そして家族を守る」。その想いのもと、軍人としての本分を全《まっと》うしようとしたのだ。そして八月二二日、停戦協定が締結され、ソ連の北海道侵攻の意図を見事に粉砕した。

繰り返すが、もし占守島の部隊が銃をとらなければ、今頃北方四島だけでなく、北海道もロシア領になっていたところだったのだ。

我々の父祖はロシアの意図を見抜く眼力、そしてどんなことがあってもそれを打ち砕く気概も持っていたのだ。

日本とウクライナは相似形

もともとソビエト連邦の構成国だったウクライナは、一九九一年のソ連崩壊後独立したが、そのとき一二四〇発の核弾頭と一七六基の大陸間弾道ミサイルという、当時世界第三位の規模の核兵器を保有していた。

独立した後もウクライナはそれを保持しようとした。しかし、それに横槍を入れたのがアメリカ、イギリス、ロシアだった。ウクライナには「核兵器を放棄して、核兵器不拡散条約（ＮＰＴ：Treaty on the Non-Proliferation of Nuclear Weapons）に加入せよ」と非常に強い圧力がかかった。この要求に応じなければ、経済制裁も辞さない勢いだった。当時ハイパーインフレに苦しんでいたウクライナには抵抗する力がなかった。さらにその後フランスとシナも加わって、連合国（国連）常任理事国五ヶ国の総意に従わざるを得なくなった。ウクライナは要求をすべて呑み、無条件に三年間ですべての核兵器を放棄するという決断を下してしまったのである。

その見返りとして、アメリカ、イギリス、ロシアは「ウクライナの領土保全や政治的独立に対する脅威、または軍事行使に対する安全を保障する」という覚書（＝「ブダペスト覚書」）を発表した（フランスとシナは別々の書面で若干の個別保障をしている）。しかし二〇一四年のロシアによるクリミア併合の際、ブダペスト覚書は一夜にして反故《ほご》にされてしまった。

今回もその約束が反故にされたことになる。ロシアに領土を掠奪《りゃくだつ》され、頼りにしていたアメリカもイギリスも共に戦ってくれない。しかし、もしウクライナが核兵器を放棄していなかったら、ロシアは今回、侵攻に踏み切れなかったに違いない。
これを見た北朝鮮は「絶対に核を放棄してはならない」と確信したはずだ。

この覚書の底流はまさに日本国憲法の前文と同じだ。《諸国民の公正と信義に信頼して、われらの安全と生存を保持しようと決意した（＝自らの生存をあなたたちに委ねる）。》というニュアンスそのもので、核兵器放棄を条件に、安全保障を〈約束〉するものであった。

つまり強者にとって都合よくカタチづけられた世界秩序に、半ば強制的に位置づけられたというか、張りぼての秩序のなかに収められた経緯が、日本とウクライナは相似形――国民の生存を他国に委ねる――ということだ。見事に日本国憲法の前文と同じく、「祖国を自ら守る必要はない」という状況に追い込んでいる。そしてブダペスト覚書が招いた結果が、まさに今回のロシアの軍事侵攻だったのだ。日本もそうなり得るということなのだ。

第二章　改めて安全保障について考える

戦争は文明の所産なのだ。制度なのだ。自然現象ではない。文明であるならば、それ相応の構造があり、論理があり、手続きがあるはずだ。したがって、根本的な問題は、わが国に戦争が起こったらどうするか、ではない。わが国をめぐって、どのようにして戦争が起こるか、である。

（小室直樹『新戦争論』）

「抑止」とは？

安全保障とは、その国の領土と独立、国民の生命・財産を外部の攻撃から守ることだ。基本的にはこれらを軍事的脅威から、やはり軍事的手段によって守ることを意味する。したがって、その中心にあるのは「抑止」という考え方だ。ちなみに近年は、国家間の相互依存関係の深化や安全保障における経済的要素の重要性の強まりを背景として、「経済安全保障」や「食料安全保障」などが注目されるようになったが、紙幅の関係上、本書では触れない。

さて抑止だが、これは公園で遊ぶ子供たちの世界を想像すれば理解しやすい。成長過程にある子供たちにとって「力」がすべてとは言わないとしても、その影響はかなり大きい。力のない子は残念ながら力のある子には歯向かえない。仮に歯向かうと痛い目に遭うからだ。そうして公園の子供たちの世界は秩序が保たれている。

ここに最近引っ越してきた、力のある子が入ってくると、どうなるだろうか？　もともとこの公園を支配していた子は面白くない。そこでこの二人はぶつかる——要するに喧嘩《けんか》する——ことになるが、仮に新しい子が勝ったとしたら、それ以降は新しい子のもとで秩序が保たれることになろう。勿論、逆の場合もある。ただ、相方が引かなかった場合はどうなるだろう。互いに痛い思いをして、相手を屈服させられなかったら、以後は下手に手を出せなくなる。相手の報復能力を痛感しているからだ。これこそが抑止である。

つまり国家安全保障に関しての抑止とは、相手に「攻撃が無意味だ」と思わせる軍事力のことになる。

さらに抑止は「拒否的抑止」と「懲罰的抑止」の二種類に分けて議論される。拒否的抑止は相手の攻撃を物理的に阻止する充分な能力を持ち、相手に「目的を達成できない」と思わせて攻撃を断念させることをいう。具体的には、日本も導入している「弾道ミサイル防衛（ＢＭＤ：Ballistic Missile Defense）」などが該当する。

一方懲罰的抑止は、攻撃を意図している国に「もし我が国を攻撃したら、貴国に耐えがたい打撃を与える」と威嚇し、「反撃を受けるコストが大きい」と思わせて断念させることをいう。次章で触れる「核相互確証破壊」がこれにあたる。米ソ（露）は互いに攻撃を受けたら報復できるだけの大量破壊兵器を保有し、均衡を保っていたのだ。「地球を何度も破壊できるほどの核兵器を配備して、何の意味があるのか?」と言われることがあるが、この懲罰的抑止の概念を理解していれば、意味があることはわかるはずだ。

ちなみに現下日本の防衛政策の基本は拒否的抑止のほうだ。襲来するミサイルの迎撃能力を高めることを中心にし、アメリカの核兵器や打撃力による懲罰的抑止——所謂《いわゆる》「核の傘」——に拠ることで、日本への攻撃を思いとどまらせる戦略をとっており、ウクライナ戦争が勃発した今、見直しが迫られている。

ロシアのウクライナ侵攻後、日本は貿易などの送金でも使われる国際的な決済ネットワークSWIFTからのロシア締め出しを表明し、ロシア中央銀行の資産凍結・取引制限とロシア最大の金融機関「ズベルバンク」の資産凍結を実施するなど、ロシアへの経済制裁措置を打ち出した。これはロシアからすると敵対行為で、事実、ロシア政府は日本を「非友好国」に指定している。

今やロシアからミサイルが「飛んでこない」とは断言できない。もしミサイル攻撃を受けたら、こちらから報復する能力は日本にはない。ウクライナ東部のマリウポリや首都キーウ近郊のブチャの惨状を挙げるまでもなく、ロシアは攻撃した街や市民がどうなろうと構わない。火の海にしても平気だ。

日本が〈普通の国〉並みに防衛体制をとっていて、攻撃を意図した国に対して「攻撃するというけれど、わかってるんだろうね。撃ってきたらそっちは火の海になるよ」という意思表示をする。そういう世界標準の行動をとらないと、相手には「どうぞ侵略してください」と表明しているようなものだ。

日本国憲法第九条は交戦権の放棄を謳っている——第二項には《陸海空軍その他の戦力は、これを保持しない。国の交戦権は、これを認めない。》と記されているわけだから、自ら報復ができないように束縛しているのだ。

ある航空自衛隊の戦闘機パイロットから聞いた話だが、領空侵犯の恐れがあるとしてスクランブル（緊急発進）をした際、警告を発した相手のソ連の戦闘機のパイロットが笑っていたという。彼らは自衛隊機が撃てないことを知っているのだ。九条はこのように安全保障現場の最前線で大きな足枷《あしかせ》となっている。

軍事同盟を結んでいないことの怖さ

抑止ということを考慮するうえで大切な要素の一つに「軍事同盟」という仕組みがある。『広辞苑』によると軍事同盟とは以下の定義づけがなされている。

《二国またはそれ以上の諸国間に締結される軍事に関する同盟→攻守同盟〈=共同の兵力で第三国を攻撃し、またはその攻撃に対して防御する目的のために締結される二国ないし数国間の軍事同盟条約〉。》

簡単に言えば「二つ以上の国が互いに軍事力の援助を行うことで、その主な目的は互いの安全保障」ということになる。物理的な軍事力の提供は勿論であるが、兵器や経済的な支援もある。

ちなみに、先の大戦後には集団安全保障が重視され、複数の国家により組織された国際機構が構成国間の武力紛争を未然に防ぎ、紛争が発生した場合はその拡大を防止し、平和を回復する国際的な体制がとられることになった。序章冒頭で触れた連合国（国連）がその代表だ。

軍事同盟はアメリカやロシア、シナなどの軍事大国は勿論だが、ウクライナやジョージアなどの小国にはとくに肝要な安全保障体制と言えるだろう。というのも今回のウクライナ戦争で明らかになったように、軍事大国の侵攻を受けたら小国一国ではとても太刀打ちできないからだ。

西側各国はウクライナと軍事同盟を結んでいない以上、同情はしても血を流す義務はない。これが国際政治の現実だ。国家というものは最終的にそれぞれの国益に基づいて行動する。

一方、ロシアが軍事力で圧倒的に劣るバルト三国――エストニア、ラトビア、リトアニア――に手を出せないのは、ＮＡＴＯに加盟しているからだ。

こういう冷厳とした現実を考慮すると、シナが台湾侵攻を「やらない」選択肢はないが、「やれない」状況はつくることができる。そのためには日米同盟をはじめ、シナを包囲する軍事同盟や集団安全保障体制を強化して、シナに対する抑止力を高める必要がある。

支援国であっても、同盟国であっても、心底信頼できるものではない

今回のウクライナ戦争において、ＮＡＴＯはウクライナを支援している。そんななか、ゼレンスキー大統領はＮＡＴＯにウクライナ上空の飛行禁止区域の設定を要求した。しかしＮＡＴＯがウクライナ上空に飛行禁止領域を設定すれば、侵入してきたロシア軍機を撃墜する主体はウクライナではなく、ＮＡＴＯになる。これは事実上、ＮＡＴＯの参戦となり、現実的ではない。第三次世界大戦が始まることになるからだ。

ＮＡＴＯとしては、それは絶対に避けたい。つまりＮＡＴＯはウクライナのために自ら銃をとることはない。

翻って、シナが日本を核攻撃した場合、アメリカは報復核攻撃をしてくれるのだろうか？　日米は同盟国だ。日米安全保障条約には《締約国は、個別的に及び相互に協力して、継続的かつ効果的な自助及び相互援助により、武力攻撃に抵抗するそれぞれの能力を、憲法上の規定に従うことを条件として、維持し発展させる。》（第三条）、《各締約国

は、日本国の施政の下にある領域における、いずれか一方に対する武力攻撃が、自国の平和及び安全を危うくするものであることを認め、自国の憲法上の規定及び手続に従って共通の危険に対処するように行動することを宣言する。》（第五条）と記されており、日米両国が、アメリカ軍に対する攻撃を含め、日本の施政下にある領域に対する武力攻撃が発生した場合、共同して日本防衛に当たる旨を規定している。つまりアメリカ軍は日本が攻撃された際は、銃をとるということだ。

しかし、繰り返すが仮にシナが日本を核攻撃したとして、アメリカが核報復攻撃をシナにするだろうか？　シナはアメリカ本土に照準を合わせた戦略核を数多く配備している。シナに核報復攻撃をするということは、それらの戦略核がアメリカ本土に襲来することを意味する。それが明白なのに、同盟国とはいえ他国である日本のために核報復攻撃を実行するだろうか？

さらにこんなことも想定できる。仮にシナが日本に核先制攻撃をしたとする。シナから日本までの物理的距離は近い。シナからのアメリカ本土攻撃は、着弾まで数十分を要するが、日本まではあっという間だ。そしてアメリカ大統領は、こういう報告を受けることになろう。

「日本が核攻撃を受け、東京も大阪も名古屋も消滅してしまいました。核報復攻撃を直ちにしますか？」

中枢が消滅した日本に、アメリカが核報復攻撃をするだけの同盟国としての価値はあるだろうか？　大統領は報復しないことを決断することになろう。

やはり国家を守る主体になるのは自国であって、他国に委ねたり軍事同盟に過剰に頼ったりするのは危険だ。ましてや《平和を愛する諸国民の公正と信義に信頼して、われらの安全と生存を保持しよう》などということは絵空事だと言わざるを得ない。

兵士への顕彰

日本の安全保障観が世界標準からズレていることを述べてきたが、国のために生命を賭して戦ってくれる兵士に対する敬意も、やはり世界の常識からすると信じられないことになっている。

例えば二〇二一年八月、アメリカ軍がアフガニスタンから撤退する際のことだ。首都カブールの国際空港ゲート付近で二度にわたって大規模な爆発があった。警備にあたっていたアメリカ兵一三人と、少なくとも六〇人のアフガン人が死亡、一四〇人以上が負傷した。アメリカ軍は自爆テロと断定。過激派組織「イスラム国」（ＩＳ）が犯行声明を出している。

このように国を守るために犠牲になったアメリカ兵の遺体がアメリカに戻るとき、彼らの棺はすべて星条旗に包まれたうえで、大統領はじめ閣僚が最大級の敬意を持って空港で迎える。その後、遺体はそれぞれの故郷に帰っていくわけだが、今度は地元の人たちが総出で迎えるのだ。

皆が星条旗を持って通りにズラッと並んで、棺を乗せた自動車が通っていくなか、追悼する。要するにコミュニティとして、あるいは自治体を挙げて自然にそうなるわけだ。日本でも、自衛隊員に限らず海外派遣時に、事故で亡くなった人はいる。そういう人が日本に戻るとき、アメリカのようなことがあるだろうか？　例えば二〇一九年四月九日、航空自衛隊三沢基地のＦ－35が墜落事故を起こしてしまった。この事故でパイロットの自衛官が一人亡くなったのだが、葬儀に行った政治家は安倍晋三元総理ただ一人。このような事故が起きた際、最近では棺が日章旗に包まれるようになってはいるのだが、ひっそりやるだけだ。

さらに亡くなった自衛官の所属する基地の周りで、近隣の住民が日章旗を振って追悼をするだろうか？　亡くなった自衛官の出身自治体が心から感謝して追悼をするだろうか？　半旗を掲げるだろうか？　否、むしろ抗議をするのが現実だろう。「あってはならぬことだ」などと言って。

現実に沖縄ではそれに近いことが起きている。二〇一一年のことだ。航空自衛隊幹部学校の教官だった私の知人の教え子の一人がF－15で戦闘訓練中、東シナ海で墜落して亡くなった。ところが、当時の翁長雄志《おながたけし》那覇市長（のちに沖縄県知事）は、航空自衛隊那覇基地に抗議に行っているのだ。そういう点から見ても、日本は世界標準からかけ離れた状況にある。

軍人――今の日本の場合は自衛官――に対する意識と姿勢がまず根本的に違う。世界的に国民は軍人に対して敬意を持って接するのが普通だ。日本でも戦前、敬意は厳然と存在していたし、戦死した兵士に対しては心からの追悼を行っていた。

それがたった一度戦争に負けただけで一八〇度変わってしまったのだ。軍事に関わる人はすべて「悪」になってしまった。国民が軍人に対して最高の栄誉を与え、見守り、称えることがなければ、〈防人《さきもり》〉の力にはなり得ない。

法的に自衛官の置かれている位置

自衛隊の任務や部隊の組織・編成、行動、権限、隊員の身分取り扱いなどを定めた法律が「自衛隊法」である。日本国憲法で自衛隊は軍隊ではないことになっているので、この法律は所謂《いわゆる》軍法ではない。

よく「自衛隊法は、自衛隊の行動および権限を個別に規定しており、所謂『ポジティブリスト』である」と言われるが、これはどういうことだろうか？　ポジティブリストについては、『広辞苑』で以下の定義がされている。

《原則的に禁止されている中で、禁止されていないものを列挙した表。輸入品目や食品の残留農薬などにいう。》

自衛隊法がポジティブリストであるということは、自衛隊の行動と権限は原則的に制限されていて、許されていることは自衛隊法に記されていること〈だけ〉になる。

ちなみに一般市民と異なる環境にある、軍隊の規律や秩序を維持するための法が軍法だが、世界中の軍法はネガティブリストである。ネガティブリストについては『広辞苑』で以下の定義がなされている。

《原則的に規制のない中で、規制するものを列挙した表。輸入品目や食品の残留農薬などにいう。》

非日常的な環境での活動を強いられる軍隊においては、「これだけはするな」という禁止事項のみを決めなければ、兵士は行動を著しく制限されてしまう。現実の話として、がんじがらめの状態で生命のかかった戦闘行為などできるはずがない。しかし自衛隊法はそういう法なのだ。

ネガティブリストではないことで、自衛官にとっての不都合はごまんとある。

例えば領空侵犯をした航空機が出たとする。世界標準であれば、その航空機に領空侵犯を警告し、従わなければすぐ撃墜できる。自衛隊ではそれができない。

もう一つ例を挙げよう。ある人気《ひとけ》のない海岸を休暇中の自衛隊員がジョギングをしていたとする。そのとき、北朝鮮の工作員と思われる者に一般の国民が襲われ、今にも拉致されそうになっている状況に遭遇した。それを助けに行って、殺すつもりはなかったのだが、工作員を殺してしまったらどうなるか？

間違いなくマスメディアが騒ぐだろう。〈普通の〉軍人なら防衛行動で表彰されることはあっても、軍法会議にかけられることはない。しかし自衛官の場合、殺人罪で起訴される可能性もある。さらに国際的に北朝鮮から非難を受けることは当然あるだろう。

話は少し外れるが、派出所に勤務する警察官が街頭で凶器を持って暴れている者をやむなく射殺したとしたら、そのときのニュースはどういう風に流されるだろうか？　十中八九「警官が発砲」がヘッドラインだろう。街で凶器を持って暴れている者から一般市民を救ったことよりも、発砲したことを優先する……日本のメディアは異常だ。

だから、たまたま休暇中の自衛隊員が拉致現場に遭遇して国民を守っても、それは「防衛出動」のないなかでの行動であり、自衛隊法違反だということで非難される。繰り返すが下手すると懲戒免職、殺人罪に問われ懲役刑に処されることもあり得る。要するに防衛出動が出ていないときに、仕事はできないのだ。

ちなみに防衛出動とは《外部からの武力攻撃やその恐れに際して、内閣総理大臣の命令により自衛隊が出動すること。国会の承認を要する。》（『広辞苑』）ことだが、そんな悠長なことをやっていては、救える人も救えない。一般の国民からすれば、その自衛官は国民を救ったということでヒーローである。こんなわけのわからないことがまかり通っているのが自衛隊をめぐる法の実態なのだ。

障害だらけの自衛隊

憲法上、軍隊ではない自衛隊に、何をするにもがんじがらめという印象を持つ人は少なくない。しかし実は他国の軍隊のほうが、自衛隊よりも手足を縛られているという側面もある。

なぜなら通常の軍隊には軍法があり、命令から少しでもずれたら処刑される恐れがあるからだ。指示に従わない部下がいたら、上官の判断でその場で殺すこともあるという。ところが自衛隊は上官が命令違反だと判断しても処刑はできない。「こら！」と叱るか、懲戒で「停職二日」といった程度だ。軍隊ではない自衛隊では、自衛官が軍法で裁かれることはない。

こうした軍隊としての不完全さは、自衛官の心境に〈すっきりしないもの〉を生んでいると聞く。憲法第九条では《戦力は、これを保持しない。》とあるが、ミサイルを大量に積んでいるイージス艦や潜水艦はどう見ても戦力だ。

自衛隊のすっきりしない部分を考えると、軍法の問題に触れざるを得ない。日本以外の国には通常の司法制度とは別に、軍隊の規律違反や犯罪行為を裁く軍事司法制度がある。平時と大きく異なる環境で活動する軍隊は、軍法によって規律や秩序を維持する。しかし憲法上、軍隊ではないことになっている自衛隊に軍法はない。

ある自衛官に聞いた話だが、外国の軍人に「自衛隊には軍法がない」と言うと、皆ひっくり返るほど驚き、激昂《げきこう》に近いほどの反応を見せるらしい。そして「それなら自衛隊はどうやって部下に言うことを聞かせるのか？」と不思議な顔で訊《き》かれるという。

恐らく外国の軍人が驚き、激昂したのは、現場がすべての責任をとらなければならない異常な状況で、上官が「撃て」と言えば自衛官は撃つのかということだ。彼らは自衛官がそんな歪《いびつ》な状況を受け入れているように感じたのだろう。

勿論、他国でも現場の軍人が好きにやっていいということではない。しかし、非常時にはそこにいる軍人がそれぞれ自己責任において銃を撃たせる、銃を撃つなどの行動をとる。その行動が罪に問われるかどうかは、あとで判断されることになる。仮に違法になっても罪に問われるのは「撃て」と命令した上官であり、それを受けた部下は軍法によって免責となる。

通常、軍法では戦場で上官の命令に逆らうことは許されない。「○○をせよ」という命令を受けたとき、「なぜですか？　なんでそんなことをするんですか？」と言って従わなければ、命令違反で処分される。軍隊のなかで命令違反は重大な意味を持つのだ。

軍法では上官から「敵を殺せ」と命令を受けて殺さなかったら、自分が処分される。その一方で戦場では、敵の兵隊を殺しても罪にはならない。

普通の社会では、誰かを殺せば罪に問われ、裁きを受けるが、国家目標のために人を殺しても罪に問われない限定された条件を、有事の軍隊に規定したのが軍法だ。

ところが自衛隊には軍法がない。ということは、自衛官を縛るのは民間人と同じ法律になる。

東日本大震災のときにたまたま見たＴＶニュースでは、どう見ても人力では動かせない車がひっくり返っていて、災害支援に駆け付けた陸上自衛隊の幹部が役場の人に「これ動かしてもいいですか？」と訊いていた。ところが役場の「勝手に動かすと遺失物法違反になります」という返答に、自衛官は困り果てて八方塞がりになっていた。「法律違反になる」と言われれば、現場の自衛官は二の足を踏む。こんなことでは戦うことなどできない。

現在、日本人の多くは「自衛隊は正規の軍隊ではないが、準軍隊とは言えるだろう」と思っているはずだ。

では仮に戦闘中に自衛官が敵に捕まったら、捕虜になるのだろうか？

戦場では敵に捕まった兵士を捕虜とし、残虐行為を受けることなく人道的な扱いを保証することがジュネーブ条約で決められている。この捕虜の待遇を受けられる資格は、《紛争当事国の軍隊の構成員、及びその軍隊の一部をなす民兵隊、又は義勇隊の構成員》となっている。

ここでいう軍隊の定義には、軍法のない自衛隊は含まれない。例えば他国の後方支援活動に赴いた自衛隊が武装勢力に攻撃され、自衛官が捕まった場合、捕虜待遇を受けられないまま一方的に処罰される恐れがある。正式な軍隊ではないという自衛隊の歪みは、ここでも深刻なリスクを生んでいるが、多くの人たちはそれに気がついていない。

予算が足りず、弾薬がない自衛隊

それ以前に、自衛隊に関しては予算が少なすぎる。そのため、シナからの侵略を想定して西のほうの警備を厚くすると、もともと対ソ連、対ロシア対策をしていた北のほうが手薄になってしまうのだ。

さらに致命的なのは、弾薬が足りないことだ。取材をした陸上自衛隊の若くて優秀な小隊長が「弾がなくなった」悪夢でうなされると告白してくれたことがある。これではある意味、やっていることが旧軍と変わらない。兵站《へいたん》軽視だ。ただ旧軍の場合は、弾薬や食料不足はガダルカナルやニューギニア、インパールなどの本土から遙か離れたところで、兵站が延びきってのことだ。

この話は国内のことなのである。国内の尖閣諸島で仮に武力衝突が起きたら、三日で弾薬が尽きると言われているのだ。

防衛費の対ＧＤＰ一パーセント枠を撤廃して、他国並みの対ＧＤＰ二パーセント程度まで引き上げるべきだと言うと、「そんなに戦争をしたいのか」とか「人殺しの兵器のためより、社会的弱者のためにお金を使うべきだ」と反論するエセ平和主義者もいるだろうが、他国の侵略に遭った際に反撃の弾がないとなると、抑止も何もあったものではない。その事実は、敵国を躊躇《ちゅうちょ》なく侵略に踏み切らせるだろうし、招く結果はあっという間の占領と虐殺・拷問・民族浄化だ。

仮に今、日本がミサイル攻撃されたら

現在、自衛隊が整備しているミサイル防衛システムは以下のようなものだ。

まず警戒監視態勢として、ミサイル発射等に備えて二四時間・三六五日、レーダー・人工衛星・航空機・艦艇などにより、我が国周辺を警戒監視している。

そしてもし我が国領域に向けてミサイルが発射された場合、人工衛星やレーダーで瞬時にそれを察知し、直ちに落下地点を予測する。そして数分以内に国民に警報を発して避難を呼びかける（Jアラート）。先にも触れたように通常、防衛出動がないと自衛隊は行動できないが、敵のミサイルが発射されてから総理の命令を待っていては対処が間に合わない。そのため自衛隊法八二条の三で現場指揮官が躊躇なく迎撃できる仕組みを整備している。

日本に向けたミサイルを迎撃するのは、海上自衛隊のSM－3――短距離および中距離の弾道ミサイル迎撃を目的とする艦船発射型弾道弾迎撃ミサイル――を搭載したイージス艦や航空自衛隊のPAC－3だ。SM－3搭載イージス艦は弾道ミサイルが大気圏

外を飛行している段階（ミッドコース段階）で迎撃する一方、ＰＡＣ－３は大気圏に再突入した後の最終段階（ターミナル段階）で迎撃する。

襲来するミサイルが通常弾道だったら迎撃はまず可能だ。日本にはペトリオット――多機能フェーズド・アレイ・レーダーやＴＶＭ誘導方式の採用、さらにコンピュータの大幅な活用によって各種機能の自動化、迅速化、高精度化が図られた広域防空用の地対空ミサイルシステム――も装備されているので、何とか巡航ミサイルも落とせるだろう。

ただ、中国共産党やロシアは勿論、最近では北朝鮮もロフテッド軌道のミサイルを開発し、実験にも成功している。ロフテッド軌道とは通常よりも角度を上げた発射法で高高度に打ち上げられた弾道ミサイルの飛行経路のことだ。この発射法では射程距離は短くなるが、一〇〇〇キロメートルを超える高高度から落下する軌道をとることで、速度が非常に速くなる。そのため迎撃が困難とされている。これにどう対応するかが喫緊の課題だ。

また中国共産党もロシアも、そして北朝鮮も変則軌道で低空を飛翔するミサイルの実験をしているとの報告もある。高度を上げないまま軌道も変化するミサイルの迎撃は不可能だ。

さらに現在の自衛隊によるミサイル防衛システムは、ミサイルの飽和攻撃――相手の対処能力を上回る攻撃――には対処できないとも言われている。「目的を達成できない」と思わせて攻撃を断念させる拒否的抑止であるミサイル防衛システムだけでなく、「反撃を受けるコストが大きい」と思わせて断念させる懲罰的抑止も導入すべきだろう。

上陸作戦に対処できない自衛隊

現実的には可能性は低いが、上陸用舟艇で大量の敵が日本海沿岸を急襲したら、自衛隊は対処できない。というのも、日本は海岸線が長すぎるからだ。世界でも有数の長さだ。重点的に一、二ヶ所の来襲だったら、何とか対処できるかもしれないが、まずどこに来るのかわからない。加えて、それに対応する陸上自衛隊員の数も足りない。

勿論、その手前で海上自衛隊と航空自衛隊が対処するはずだが、上陸されてしまったら、対応する隊員数が足りない。そもそも戦車の数が極端に減らされているのだ。つい最近までロシアとの関係が友好的だったことと、近年シナの海洋進出の意欲が明確になってきたことから、国土防衛の態勢がロシア対応からシナ対応に変わったためだ。前述したように西のほうの警備を厚くしたために、もともと対ロシア対策をしていた北のほうが手薄になってしまったということだ。

これはある種の戦略的な誤算である。ロシアとは平和条約を結んではいないが、友好国になりつつあるから脅威は減った。それよりはシナの脅威のほうが遙かに大きいという認識である。それは現場、即ち制服組だけでなく、防衛省の内部部局（内局）つまり背広組もそう判断したのだろうし、政治家もそうだったと思う。

この問題で深刻なのは、メーカーが戦車をつくれなくなったことだ。直接受注するメーカーが大きな悪影響を受けるのは勿論だが、数多くの下請け企業がある。その下請け企業の経営が成り立たなくなる。現下、自衛隊には世界有数の性能を誇る戦車があるが、それを製造するために必要なパーツを調達できなくなる可能性がある。ロシアの脅威が再び顕在化した今、これからまた戦車の数は増やすと思われるが、現下は六〇〇両しかない。

第二の敗戦――自衛隊はアメリカ軍に組み込まれている

江藤淳が、亡くなる前の年である一九九八年に、自衛隊の置かれている状態を評して「第二の敗戦」と言っている。要するに自衛隊がどんどんアメリカ軍のなかに組み込まれていくことに対して、強い危機感を持ったのだ。沖縄の基地が典型例で、自衛隊は完全にアメリカ軍の機能の一つとして組み込まれているということだ。

しかし、自衛隊は逆にアメリカ軍を利用して、自分たちの力を増大しようとしているのだと思えてならない。そうしないと軍事大国のシナやロシア、ならず者国家の北朝鮮に対峙《たいじ》するのは無理だからだ。今ウクライナがポーランドの飛ばしているＡＷＡＣＳ（Airborne Warning and Control System、早期警戒管制機）が得たロシア軍情報を活用しているのと同じような構図なのだろう。

第三章　核武装議論忌避こそガラパゴス

国家の規範たる憲法を含めて国家に関するすべてのフレイムは、為政者たるアメリカ人たちによって作り出されあてがわれて来たのだ。日本解体という彼らの大作業の根幹にあった形而上的な主題とは、今になって眺めなおせばますます歴然としたものがある。即ち、いかなる自立性、いかなる責任もの放棄。換言すれば、徹底した他力本願の押しつけだった。（石原慎太郎『国家なる幻影』）

核武装論に纏《まつ》わる日本独自の根本問題

ウクライナ戦争をはじめ、今現在も世界では戦争や紛争は起きている。前述したように、数十万にも及ぶ非戦闘員――要するに一般市民――の大量虐殺（ジェノサイド）のほとんどは、実は核のない国で起きている。即ち、カンボジア、旧ユーゴスラビア、ルワンダなどである。マスメディアが何かと持ち上げる〈核なき世界〉は平和どころか、虐殺の起きる世界なのだ。

その一方、アメリカ、イギリス、フランス、ロシア（ソ連）、シナの所謂《いわゆる》「核保有国」同士は、第二次世界大戦後全面戦争をしていない。勿論、核兵器も使用されていない――ウクライナ戦争でロシアが戦術核を使用する恐れは大いにあるが……。

前世紀、人類は二度の世界大戦を経験してしまった。しかも第一次世界大戦から第二次世界大戦までたった二〇年ほどしか経過していない。実は七七年もの間、大国同士の戦争がない事実は、人類史上ほとんどなかったことなのだ。そして、第二次世界大戦前と後の大きな違いは何かと言うと、「核の有無」である。

現代の世界において、一瞬にして人や街を焼き尽くし、溶かしてしまう大量殺戮《さつりく》破壊兵器がある国には戦争がなく、ない国には目をそむけたくなるような虐殺がある。そんな皮肉な状況が現出しているのだ。

これは核兵器を持つ国の指導者が、核の恐ろしいほどの破壊力ゆえに直接戦争をすることを避けることになったのが理由だ。ウクライナ戦争でＮＡＴＯが直接の参戦を避けているのも、ここに理由がある。

一方で世界唯一の被爆国である日本には被害者としての記憶が強く、日本人の多くは核兵器というだけで拒絶反応を起こしてしまう。「核兵器は悪」という善悪・好悪の判断をし、思考停止に陥ってしまうのだ。具体的には、核兵器に関する議論を拒否し、現実に核兵器が安全保障に果たしている役割を認めようとしないということだ。

しかし、右に記したように核兵器があると戦争がなく、ないと大量虐殺が起きるという厳然とした事実がある。国際関係に大きな影響を及ぼすルールは核兵器戦略であると言っても過言ではないのだ。

核兵器が嫌いでも、この事実には向き合わないと祖国の行く末に恐ろしい悪影響がある。これが国際政治の現実であり、善い・悪いや好き・嫌いの価値判断は留保する必要がある――そもそも日本では核エネルギーを軍事利用すると「核」、平和利用すると「原子力」と言葉を使い分けているが、こんな国は世界にない。

そろそろこういうガラパゴス状態から脱するべきではないだろうか。

核攻撃の種類

核爆弾を所有していても、それを敵国上空に運べなければ全く意味がない。北朝鮮がミサイル開発に血眼になっているのはそのためだ。

核を敵国上空に運ぶ方法は三つある。

①航空機
②地上発射型ミサイル
③潜水艦発射型ミサイル

①の航空機はアメリカが広島と長崎に原爆を投下した際の方法であるが、二一世紀の現在では戦争前にその位置を偵察衛星等で敵に察知されてしまう。敵に察知されているということは、核先制攻撃の対象となる。核先制攻撃を仕掛けるとき、その国は敵国の核兵器を可能な限り破壊しようとする。なぜなら、核兵器が残っていると、報復攻撃を受け、自分たちも破滅するからだ。

航空機の場合、核兵器を積んだ機体を常時飛ばしておけば、核先制攻撃はかわせるというメリットはある。とはいえ燃料の補給が必要なので、長時間の飛行はできない。空中給油すればいいという話もあるだろうが、乗員の食料や休息も必要だ。

②の地上発射型ミサイルは所謂大陸間弾道ミサイル（ＩＣＢＭ：Intercontinental Ballistic Missile）がその代表であるが、「サイロ」と呼ばれる地下格納施設に設置されるケースが多い。サイロは発射台と違って、移動する必要もないままメンテナンスができるという利点があるためだ。ただサイロの場合、位置が固定されるため、偵察衛星等でその位置を特定されてしまう。繰り返すが、位置がわかれば敵国の核先制攻撃を受け、

破壊される。

　そこで出てきたのが発射台をトラックや列車に載せ、地下トンネルを移動させる方法だ。これなら敵国の偵察衛星に捕捉される可能性は低い。ただ、トンネルを造るコストがかかるのと、基本的に自国内にしか設置できないという制約がある。
　③の潜水艦発射型ミサイルは通常、潜水艦発射弾道ミサイル（ＳＬＢＭ：Submarine-Launched Ballistic Missile）と呼ばれるが、非常に有効だ。通常、核ミサイルを搭載した潜水艦は原子力を動力源とした、原子力潜水艦である。原子力潜水艦と通常エンジンの潜水艦の最大の違いはその活動期間だ。原子力は燃料補給が基本的に不要であるため、通常エンジンの潜水艦より遙かに長期間、潜航を続けることが可能で、①の航空機の欠点を補うことができる。
　また、海のなかは実質的に自由に動き回れるので、②の地上発射型の欠点も補える。乗務員の食料補給や休息のため、連続活動期間は九〇日くらいだと言われているが、原子力潜水艦は長期の連続航行が可能であること、海のなかは陸や空よりもレーダーの感知能力も落ちる——とくに深海になればなるほどそうだ——ことから、③は最も効果的な核兵器運搬法と言えるのだ。

核相互確証破壊とは？

ここまで述べてきたことを基に、核相互確証破壊（ＭＡＤ：Mutual Assured Destruction）——両者とも相手を完璧に破壊できることをお互いに保証する——という概念を考えてみたい。この概念こそ、現代国家安全保障の根幹の一つだからだ。

仮にプーチン大統領がアメリカ本土への核攻撃を意図したとしよう。先に触れたように、①の航空機と②の地上発射型ミサイルは、事前にどこに配備されているかわかっているから、先制攻撃で破壊すればいい。③の潜水艦発射型ミサイルを搭載した原子力潜水艦はどこにいるかを捉えるのは困難だが、全く捉えられないわけではない。

これは以下のことを意味する。仮にロシアが先制攻撃でアメリカの核兵器のうち、航空機搭載のものと地上発射型ミサイルをすべて、そして核兵器を搭載している原子力潜水艦をほとんど撃沈したとしても、一隻でも原潜が残っていれば、アメリカはそこから核報復攻撃をすることになる。たった一隻といっても、アメリカのＳＬＢＭ搭載原潜には核ミサイルが最大二四基積まれている。しかも多弾頭なので、一基のミサイルには最大一二発の核弾頭が装着されているのだ。つまり原潜を一隻取り逃がすだけで、二〇〇発以上の核弾頭がロシアの主要都市や重要施設に襲いかかってくることになる。

現代の核弾頭は広島型原爆の三二倍の破壊力があると言われている。それが二〇〇発以上ロシア国内に飛んでくるのだ。間違いなくロシアは破滅だ。勿論プーチンもその家族も生き残れないだろう。プーチンは確実にアメリカへの核攻撃を躊躇《ためら》う。この躊躇《ちゅうちょ》は「原潜をたった一隻でも残したら、自分も破滅する」という核兵器の恐るべき破壊力に拠るものだ。

こうした、核先制攻撃を受けても生き残ることの可能な核反撃能力を持つことで、相手の先制攻撃を躊躇させることを「核抑止」という。そして米ソが核戦力拡大を進めていた冷戦期、生き残ることのできる核反撃能力を互いに確保することで、双方が核先制攻撃できなくなる仕組みが出来《しゅったい》したのだが、これを「核相互確証破壊」という。この「攻撃したら自分が死ぬ」という概念が完成され、米ソは直接は戦争ができない状態になり、それが今回のウクライナ戦争におけるNATOの参戦回避に繋《つな》がっているのだ。

一方でこの概念は「自分が核反撃能力を持っている限り、相手は攻撃したくてもできない」という〈安心〉をもたらしたことになる。核兵器を悪とする日本人には信じがたいことだが、これが世界標準の考え方で、それを痛感しているからこそ、北朝鮮の金正恩総書記は核兵器を手放さないのだ。

補足になるが、戦争の形態が大きく変化している現代、核抑止体制が強く依存している宇宙空間やサイバー空間が補助的な性格から「直接戦闘空間」に変わってきている。そのため、核相互確証破壊の根幹を構成している偵察・指揮・通信機能が脆弱化《ぜいじゃくか》し、核相互確証破壊の考え方が成り立たなくなる可能性がある。

また、極超音速ミサイルが実用化に向けて急ピッチで開発されているが、これが実戦配備されると、核ミサイル発射の探知から反撃までの時間が大きく短縮される。つまり「撃ってきた（探知）」から「撃ち返す（決断）」までの猶予がほとんどなくなり、場合によっては反撃ができない可能性が出てくるのだ。技術の発展がまた新しい「論理」を必要とするかもしれない。

同じ敗戦国でも

第二次世界大戦の敗戦国であるドイツと日本。敗戦後、国のありかたを模索するなかで大きく両国を分けたのが新憲法制定に対する姿勢であることはよく知られている。

敗戦後、不幸にしてドイツは東西に分けられた——ドイツ民主共和国（東ドイツ）とドイツ連邦共和国（西ドイツ）——が、西ドイツの最高法規（憲法ではない）として、一九四九年五月二三日に公布されたのが「ドイツ連邦共和国基本法（ボン基本法）」である。将来的にはドイツ全域に適用されるべきであると考えられ、それまでは最終的な憲法ではないという意味で、憲法ではなく基本法とされた。

とはいえ、同法は政治機構の暫定的な組織だけを定めたものではなく、社会法治国家の原理や基本的権利までを網羅した恒久性を持っている。そして、その根底にはワイマール憲法崩壊の教訓があると言われている。

実はナチス・ドイツが独裁の道を突き進んでいった背景に、ワイマール憲法四八条に定められた大統領大権があった。これを利用して、ヒトラーは〈合法的〉に独裁政権確立に成功したのだ。同条では、国家が危機に陥った際、「大統領緊急令」を発令して必要な措置を講ずることができると定められていた。大統領緊急令成立に国会審議は不要で、国家の危機についての明確な定義もなかった。そのため大統領の裁量次第で発動することができた。ヒトラーは当時の大統領であるヒンデンブルクを取り込んだうえでこれを利用し、ワイマール憲法が定める基本的人権を停止したり、州政府への介入を強めたりして、独裁を強化していったのである。

さらに一九三三年に発令された「国民と国家を防衛するための大統領緊急令」は、ナチス・ドイツの様々な人権侵害の法的根拠となり、あのホロコーストへと繋がったのだ。当時「最も民主主義的」とされていたワイマール憲法だが、悪意ある者（＝ヒトラー）が権力を手にすれば、その規定によって合法的に民主主義が破壊できたということである。

この基本法にはワイマール憲法の「反省」は大いに盛り込まれているが、日本国憲法と大きく違うのは、〈第九条（＝交戦権の放棄）〉がないこと、そして基本的にドイツ人によって作成されていることだ。

一九九〇年にドイツが統一され、暫定憲法とされた同法の骨格は事実上の憲法として引き継がれたが、冷戦の終結等世界情勢の変化に対応し、一九九四年に「改正基本法」が発効している。その後もヨーロッパ連合（EU）の成立やリーマンショックなど、世界的な変化に対応するため、たびたび改正が行われている。この点も日本と大きく違っている。

日独の憲法の差が顕現した事件

一九七七年九月二八日、パリから羽田に向けてフライトしていた日本航空四七二便が、経由地であるインドのムンバイを離陸した直後、日本赤軍のメンバー五名にハイジャックされた。同機は針路変更を強要され、バングラデシュのダッカに強行着陸した。犯人グループは人質の身代金六〇〇万ドル（約一六億円）と日本で服役・勾留中の九名の釈放と日本赤軍への参加を要求した。ダッカ日航機ハイジャック事件である。

交渉にあたっていた日本政府は交渉や実力行使での解決をよしとせず、当時の福田赳夫《ふくだたけお》首相が「一人の生命は地球より重い」と声明し、身代金の支払いおよび「超法規的措置」として、服役・勾留中の九名の引き渡しを決めた（三名は日本赤軍への参加を拒否）。

そのわずか一五日後の一〇月一三日、西ドイツのルフトハンザ航空の一八一便がパレスチナ解放人民戦線（ＰＦＬＰ）のメンバー四名——背後にはドイツ赤軍（ＲＡＦ）がいた——によりハイジャックされた。スペインのマヨルカ島からフランクフルトに向かっていた同機は、燃料補給のため針路をローマへ変えさせられた。ハイジャック犯はその後、当時収監されていたＲＡＦのメンバー一一名の釈放と現金一五〇〇万ドルの要求を出した。同機はその間中東の各地を転々とし、犯人たちは機中で隊長を殺害。ソマリアのモガディシュに着陸した。西ドイツ政府はハイジャック犯と交渉しつつも、ミュンヘン・オリンピック事件——ミュンヘン・オリンピック開催中に選手村で起きたテロ事件。パレスチナのテロ組織がイスラエルの選手一一名を殺害した——を機に創設された特殊部隊「ＧＳＧ－９」による実力行使の事態打開を図った。

結果、ハイジャック犯三名を射殺、一名を逮捕した。この突入で発生した損害はＧＳＧ－９隊員一名とキャビンアテンダント一名の軽傷だけで、救出作戦は成功した。

この日独の違いは何だろうか？

国家の最大の使命、その一つに国民の生命を守ることがある。国民の生命を守るためには、国家は武力行使も辞さない。これが世界標準である。つまり西ドイツはそれに忠実に則って行動し、日本はそうしなかったということになる。

これまで何度も触れているが、その根っこには九条で謳われている「交戦権の放棄」がある。これがあるから国民が拉致されても救出に行けない。

「ドイツに学べ」はまさに正論だ

冷戦期における安全保障の最前線は、ＮＡＴＯとワルシャワ条約機構が対峙《たいじ》するヨーロッパ、とりわけドイツ――政治的にはベルリンの壁、軍事的にはフルダ渓谷――だった。その最前線にあった西ドイツが生き残るために選んだのが「核共有」である。

一九七〇年代、ソ連が戦術核（中距離核）であるＳＳ20を西ヨーロッパに向けて配備した。ＳＳ20はヨーロッパ全域に届くが、アメリカ本土には届かない。ヨーロッパにおいて核戦力でアメリカに対して優位な状況をつくりあげることが目的だった。これによって核の不均衡が生じ、ヨーロッパ各国はアメリカの「核の傘」に疑念を抱いた。とくに最前線にあった西ドイツはアメリカに要請し、ＳＳ20より高性能のパーシングⅡと巡航ミサイルを自国に配備させた。結局ソ連はＳＳ20の廃棄という妥協を迫られることになり、これが一九八七年の米ソ中距離核戦力（ＩＮＦ：Intermediate-Range Nuclear Forces）全廃条約へと繋がるのだ。

「対岸の火事」と決め込んでいたアメリカを説得し、ソ連と刺し違える覚悟を決めた西ドイツの左派政権であったシュミット首相の姿勢が、米ソの核軍縮のきっかけをつくったのだ。やはり「核には核で対抗する」覚悟を示すことが必要だ。

戦後補償や謝罪等で日本は不充分であるとして、よく「日本はドイツに学べ」と言われるが、皮肉にもそれはまさに正論で、今こそドイツに学ぶべきなのだ。

ちなみに、冷戦終結から三〇年を経て、安全保障の最前線はヨーロッパから東アジアの「第一列島線」に変わった。二一世紀の冷戦の最前線が、アジアでは三八度線から日本列島、沖縄、台湾を結ぶラインに移動し、欧州ではベルリンからウクライナへと移動した。つまりかつて西ドイツが置かれた位置に日本が立たされている。言わずもがなだが、日本の姿勢が問われているのだ。

日本人の核アレルギーの根っこと九条

核武装によって「他国を刺激していたずらに攻撃を招くのでは？」「核兵器不拡散条約（NPT）を脱退せざるを得なくなり、ウランは勿論、原子力発電用のウラン鉱石の輸入も断たれる。加えて、諸外国から強烈な非難や経済制裁を受けるのでは？」「北朝鮮と同じ〈ならず者国家〉になるのでは？」と不安に陥ることはわからなくもない。しかし日本人の核忌避はそれよりもむしろ、「核武装をすると、将来的に自分たちがそれを他国攻撃に使用してしまうのでは？」という恐怖が強い要因になっていないだろうか。

先述したが、戦後日本人は学校で「これでもか」と言わんばかりに、「日本は戦争で悪いことをした」「好戦的だった」などと刷り込みをされている。また、唯一の被爆国ということで、他国民よりも明らかに多く、広島・長崎の被害映像や記録に接してきている。そのため我々は「核は抑止力のためにある」という世界標準の考え方を超越して、子供や女性、妊婦もいる街に核攻撃をしてしまい、無辜《むこ》の人たちの死体で溢れさせることを想像してしまう傾向にある。その想像によって生じる苦痛が核アレルギーの根っこになっているのではないだろうか。

それに加えて《平和を愛する諸国民の公正と信義に信頼して》採用された九条や非核三原則に寄りかかることで、「日本は大丈夫」という——冷静に考えれば何の根拠もない——安心のなかで、戦後を過ごしてきたとしか思えない。

北朝鮮が核やミサイルの実験をしても、シナの戦略核が日本に向けて二〇〇発以上、実際に配備されていても、「九条や非核三原則のある日本だから、〈まさか〉攻撃はしてこないだろう」と自分に言い聞かせているのが現実だ。

日米安全保障条約は万能ではないから……

第二章で、軍事同盟は軍事大国にとっては勿論だが、ロシアの侵略を受けたウクライナやジョージアなどの小国にはとくに肝要な安全保障体制と言えると述べた。今回のウクライナ戦争では「非同盟国であるウクライナにＮＡＴＯは助けに行かない」、即ち非同盟国は孤立無援であるという非情な現実を世界中に突きつけた。

これはかねてNATO加入に消極的だったフィンランドとスウェーデンの世論に大きな影響を及ぼした。フィンランドのNATO加盟支持率は五年前、一九パーセントだったが、ウクライナ戦争後は五三パーセントに跳ね上がった。スウェーデンのそれもやはり五一パーセントと、初めて過半数を超えている。ロシアはかつて「(北欧各国が)NATOに加盟したら敵国になったと見なす」と恫喝《どうかつ》しているが、スウェーデンはウクライナ戦争後、国防費を対GDP比二パーセントに増やしている。ウクライナ戦争は他人《ひと》事《ごと》ではないのだ。

翻って我が国だが、日米安全保障条約がやはり基本となる。ここにはアメリカの核の傘も含まれているが、ウクライナ戦争で明確になったように、自国の安全保障や核抑止を他国に委ねるのは危険だ。

さらに留意すべきことは、日米安保条約は日米どちらからでも破棄しようと思えばいつでもできるということだ。条約の第一〇条には《いずれの締約国も、他方の締約国に対しこの条約を終了させる意思を通告することができ、その場合には、この条約は、そのような通告が行われた後一年で終了する。》とある。日米安保条約は今のところ日米双方にとって有益なものではあるが、永遠に継続すると信じるのは間違いだ。

このこともウクライナがいい例になる。先にも触れたが、一九九四年にアメリカとイギリス、ロシアとともに署名した「ブダペスト覚書」で、ウクライナは核兵器を放棄してしまった。これでウクライナ攻撃のハードルがぐっと低くなった。

今になってウクライナ国内では「核を放棄したのは間違いだった」という声が出ている。イギリスのニュース専門チャンネル『スカイニュース』は二〇二二年三月四日、ウクライナ副首相の外交政策顧問が「一九九〇年代に核を放棄していなければ、ロシアは攻めてこなかっただろう」とコメントしたと報じている。

すでにドイツ、ベルギー、オランダ、イタリア、トルコのＮＡＴＯ加盟国の一部は、アメリカの核を自国の基地に配備している（約一五〇発）。「核共有」である。平時はアメリカが同盟国内にある核を管理するが、有事においてＮＡＴＯが核使用を決定した場合、アメリカによって同盟国に核兵器が提供される。その核を同盟国が戦闘機等に搭載して運搬、投下することができる。このようにＮＡＴＯの核共有では、攻撃された当事国が報復の意思決定に関与できるため、より強い抑止力が得られる。同様に日本が核共有――アメリカの核兵器を配備して意思決定に関与――できれば、東アジア地域の軍事バランス維持に資することになる。

ただ核共有については、アメリカが将来、日米安保条約を破棄する可能性がゼロとは断言できないため、不充分だと言わざるを得ない。シナ、北朝鮮、ロシアという核保有国に周囲を脅かされている安全保障環境下にある日本は、やはり自身の核武装も視野に入れるべきだろう。

日本が唯一の被爆国として、核廃絶という理想を持つことは大切だが、国民の生命を守るために何をすべきかは、キチンと視野に入れて議論すべきだ。核武装について、日本で議論が巻き起こること自体、抑止力になる。

『ウォールストリート・ジャーナル』は二〇二二年三月二日の社説で《中国の習近平国家主席が、ロシアのウラジーミル・プーチン大統領との連携を通じて様々な成果を達成できると考えていたとしても、そのリストのなかに日本の核武装が含まれていなかったことは確実だ。しかし、この二人が引き起こした世界秩序の混乱は、日本政府の安全保障の考え方に変化をもたらすかもしれない。》と論じている。

第四章　憲法第九条という病巣

マッカーサーは自分自身でつくった、とんでもないジレンマにひっかかってしまったのだった。憲法は、占領統治全改革の頂点であり、金字塔であり、彼の「偉大さ」の証でもあった。この憲法を恒久化するためには、その生い立ちを隠し、一刻も早く占領を終結する必要があった。

（片岡鉄哉『日本永久占領』）

バイデンと日本国憲法第九条の面白い関係

六年前の記事になるが、日本経済新聞が興味深い報道をしている。

《米副大統領、日本国憲法「私たちが書いた」「核保有国になり得ぬ」

バイデン米副大統領は15日、ペンシルベニア州で開いた民主党の大統領候補、ヒラリー・クリントン前国務長官（68）の集会で演説し、日本国憲法を「私たちが書いた」と明言した。連合国軍総司令部（GHQ）の草案が基になった憲法について日本国内には「押し付け憲法論」があるものの、米政府の要人が言い切るのは異例だ。

共和党の大統領候補、不動産王ドナルド・トランプ氏（70）の日韓の核武装容認論を批判する場面で飛び出た。「私たちが（日本が）核保有国になり得ないとうたった日本の憲法を書いた。彼は学校で習わなかったのか」とトランプ氏を攻撃。「彼に（大統領として）核兵器発射コードを知る資格はない」とも断じた。（ワシントン＝吉野直也）》（日本経済新聞　二〇一六年八月一六日）

実はこのバイデン発言は、「私たちが日本に核保有させせないように日本の憲法を書いた」と訳すのが正解だ。この発言は、まさに日本国憲法の本質をついているのだ。

バイデンが正直にアメリカの日本国憲法論の核心を表明してしまったということなのだが、そのときの聴衆の反応がその証左だ。皆、笑いながら拍手喝采しているのだ。このときの映像は私のツイッターで確認できる（https://twitter.com/kohyu1952/status/1321501264329388032）。

つまり学校に行ったことがあるアメリカ人にとって、「日本が再び軍事大国にならないために、アメリカ人が日本国憲法を書いて、強要した」ということは常識なのだ。

新聞やテレビではそういう解説が全くなかった。もう六年前の話だが、この映像を確認したとき、バイデンは口を滑らせ本音を吐露したと思った。

このとき選挙戦を繰り広げたトランプが「アメリカ・ファースト」を謳い、「もうアメリカは世界の警察官ではない」と宣言したが、周知のように当時のオバマ大統領も同じことを言っていた。これら発言の意味するところは概ね「もうアメリカは世界秩序を維持する役割を担わない。これからは各国がそれぞれの役割を果たして、世界の安全保障を図る。国の安全はそれぞれの国が責任を持って保っていけばいい」ということになろう。ただ、同時期にバイデンが《私たちが（日本に）核保有させないとうたった日本の憲法を書いた。》という発言をしたことで、日本からしてみるとその意味合いは大きく変わってくる。要するに「日本はアメリカの属国のままでいい」ということだ。

つまりバイデンにとって、先般〈見捨てた〉アフガニスタンも日本も同じ位置づけなのだ。ただ日本には経済力や技術力などをはじめ、そう簡単に切り捨てられないものが数多《あまた》あるから、切り捨てていないというだけだ。戦後七〇年以上が経った二〇一六年の大統領選応援演説で、当時の副大統領が日本国憲法論の核心に触れたということは、アメリカの民主党は本来的に「第二次世界大戦直後の世界秩序のキープ」を基本に据えているのだということだろう。

戦後の自由民主党政治、即ち吉田茂の路線はアメリカへの従属体制を上手に利用した。つまり、対ソ・対中の防波堤という政治的側面と高度経済成長によって存在感を強めていった経済的側面――日本市場はアメリカ経済にとって欠かせないものとなった――の両方で、アメリカにとって日本を切っても切れない存在にしていったのだ。日本がそういう存在になったことが、対東側陣営に一つの抑止力として機能していたことは確かだ。それが故に「非核三原則」という、国際政治の厳しい現実からしたら絵空事でしかないことを、佐藤栄作は提唱できたのだろう。

日本国憲法が公布された昭和二一（一九四六）年、まだソビエト連邦は核実験を成功させておらず、核開発の真っ最中だった。しかしながら、ソ連が核兵器を保有するのは時間の問題だった。つまりアメリカは、世界中の国が開発さえできてしまえば核を持つことができると確信していたということだ。

国を守るために、飛行機ごと突っ込んでくるような兵士がゾロゾロいるような国、つまり日本だが、そんな国が核兵器を持ってしまったら大変なことになる……アメリカはそう思ったに違いない。

アメリカは日本から核で報復されるのが怖くて「交戦権の放棄」、つまり憲法第九条を押し込んだのだ。

出る杭《くい》は打たれる――日本の現実

報復と言えば、私が小学生のとき、昭和三〇年代後半は、まだ「アメリカに仕返ししてやるんだ」という空気が大人たちの間に流れていたような気がする。

これは、戦争を戦った世代の生き残りが戦後復興を果たし、弔い合戦のように高度経済成長を推進し、アメリカものともせず、という気概があったからだ。一方、そんな気分の共有を忘れさせる同調圧力もあった。それはアメリカの占領政策が巧みだったからだ。日本国民の多くが意識しているか意識していないかを問わず、アメリカへの属国意識に染まっている。占領期間中のＷＧＩＰ（War Guilt Information Program）――ＧＨＱが占領政策として行った、戦争への罪悪感を日本人の心に植えつける宣伝計画――はとくに効果的で、未だに日本の肝要な立場にある人たちは勿論、多くの日本人の思考を縛っている。その影響は計り知れないほど大きく、日本の伝統文化から日本人の精神性、国体（序章参照）に至るまで、日本のアイデンティティをすべて否定するようなものだった。

ただ流石《さすが》に大人たちはそう簡単に〈洗脳〉されなかった。先述のように「アメリカに仕返ししてやるんだ」という風潮が残っていた。やはり最大の効果があったのが教育現場でのプロパガンダだろう。しかも当初はGHQが共産党を支持していたくらいだから、日教組の強い学校現場で〈赤い教師たち〉がそれこそ好き放題に〈国〉を貶《おとし》め、先人たちを否定した。

これで子供たちが影響を受けないはずはない――ちなみに私自身はあまりにも教師たちが国を非難し、父祖を貶めるので、逆に彼らの言説に疑問を持つようになった次第だ。こうして育った世代が国を動かす中心的存在になったとき、アメリカへの属国意識は拭《ぬぐ》い難いものになってしまったのだろう。

日本の経済大国化は、当初アメリカにも資するところがあったのだが、次第に「脅威」となっていった。一九六五年以後、日米間の貿易収支が逆転し、アメリカの対日貿易が恒常的に赤字になる。「日米貿易摩擦」だ。これが日本のアメリカへの〈報復〉になったのかもしれない。いずれにしてもアメリカの強い反発を受け、日本は報復される。実際、繊維、鉄鋼、テレビ、農産物、自動車と続けざまにアメリカによる輸入規制の標的となり、日米ハイテク摩擦を経てプラザ合意、日米半導体協定に至った。

　紙幅の都合上、詳細は記さないが、これら一連の流れで日本の経済は〈失われた三〇年〉へと堕ちていくことになる。まさに報復、出る杭は打たれるのである。人種問題になるが、やはり白人は自分たちのテリトリーと思っていたところに、有色人種がドカドカ入ってくることに抵抗を覚えるのだろう。

　一例を示そう。一九八〇年代の中頃から、私はフォーミュラ・ワン（F１：Formula One）の取材で頻繁にヨーロッパに取材に行っていた。当時はホンダがエンジン・サプライヤーとして最盛期にあり、ホンダのターボエンジンを搭載したマシン――ウイリアムズ、ロータス、マクラーレン――が連戦連勝で「ホンダ・エンジンなくして、総合優勝は狙えない」と言われたほどだった。

　ヨーロッパで取材しているときに強く感じたのが〈ホンダ・バッシング〉である。もともとヨーロッパの伝統的スポーツであるF１を、東洋のメーカーが席捲《せっけん》している――しかも最も速かったドライバーはやはり〈外様〉のブラジル人・アイルトン・セナだった――のだ。彼らが面白くないのは理解できる。案の定、ホンダの圧倒的アドバンスを担っていたターボが禁止されたという経緯がある――ホンダの凄かったところはターボ禁止後も勝てるエンジンを供給しつづけたことだろう。

　また日本の半導体部品やコンピュータといった先端技術分野製品が世界を席捲していたとき、フランス初の女性首相に就任（一九九一年）したクレッソンは対日強硬派で、「日本人は世界征服を目指している」「日本人は蟻《あり》のように働く」などの発言で物議をかもした。当時、日本の政治家も官僚もアメリカの言いなりになっていた印象は否めない。そんななか、歯に衣着せずアメリカに主張すべきことを主張していた国会議員がいた。石原慎太郎だ。石原慎太郎が国会議員を辞するときに国会で演説をしているのだが、これが素晴らしい。日本のあるべき姿――独立国家として当然のことなのだが――を提唱しているので、以下、全文を引用する。

《昭和四十一年の暮れから翌年にかけて、私は、ある新聞社の特派員として、当時既にデルタ地域にまで共産勢力が進出していたベトナム戦争の取材に赴きました。
　あのベトナムで私が強く感じたことは、首都サイゴンの知識階級のみずからの国で行われている戦争への驚くほどの無関心、冷笑的な態度でありました。それゆえに、私は、あの国がやがて間違いなく共産化されることを確信していました。同時に、私には、あの教養高いベトナムのインテリと日本の知識人たちがその政治姿勢において互いに非常に似ているという気がしてなりませんでした。ということは、祖国日本もまた、いつかの将来、あるいは自由主義体制が侵食され崩壊する日が来るのではないかと。ならば、それを防ぐためにはみずから行動すべきではないかと。私が政界に身を投じる決心をしたのは、あの他国の戦争で感じたもののゆえにでありました。

そして、その翌年、昭和四十三年の参議院全国区に立候補、当選し、後に衆議院に転じて、以来今日に及びます。私の政治家への転身の動機は、その後の日本の発展と安定を眺めれば、幸いにも杞憂《きゆう》に終わりました。すべて国民の英知ある選択と、やむことのない努力のおかげであります。

その間、私も私なりに、志を同じくした仲間とともに政治の金権性と戦い、あるいはアメリカや中国の対日関係における一方的な主張に反発し、微力ながらの戦いもしてまいりました。

最も欣快《きんかい》とするのは、日本側の国益を何ら反映することのなかったあの日中航空協定に最後まで反対した我々青嵐会《せいらんかい》（引用者注：田中角栄の金権政治や親中外交を批判して、石原愼太郎や中川一郎など三一名が結成した、自由民主党の保守政策集団）を当時の周恩来首相が評して、彼らの言うことが当たり前だ、私が日本の政治家だったら彼らと同じことを言っただろうと周辺に語ったということを、後に複数の方々から聞かされたことでありました。

しかしなお、今日この表彰（引用者注：議員在職二五年表彰）を受けて改めて私は、みずからの力の足りなさに慙愧《ざんき》せざるを得ません。政治家の経歴は決して、決して長きをもってよしとするものではないということを改めて痛感自覚し、ただ恥じ入るのみであります。

イデオロギーの生んだ冷戦構造が崩壊した今、政治の対立軸が喪失されて、私たちは新しい軽薄な混乱の中にあります。新しい文明秩序の造形のために、多くの可能性に満ちているはずのこの日本の将来を毀損《きそん》しかねないような問題が幾つも露呈してきているのに、現今の政治はそれにほとんど手をつけられぬままに、すべての政党、ほとんどの政治家は、今はただいかにみずからの身を保つかという最も利己的で卑しい保身の目的のためにしか働いていません。

こうした政治の現況に、国民がもはや軽蔑を通り越して、期待し裏切られることにも倦《う》んで、ただ無関心に過ぎているという状況は、政治の本質的危機としか言いようがありません。

植民地支配によって成り立っていたヨーロッパ近代主義の繁栄が終焉《しゅうえん》し、到来しつつある新しい歴史のうねりの中で、新しい世界の文明秩序が期待されている今、歴史的必然としてアジアに回帰し、他のだれにも増して新しい歴史創造の作業への参加資格のあるはずのこの日本は、いまだに国家としての明確な意思表示さえできぬ、男の姿をしながら実は男子としての能力を欠いた。さながら、さながら去勢された宦官《かんがん》のような国家になり果てています。それを官僚による政治支配のせいというなら、その責任は、それを放置している我々すべての政治家にこそあるのではありませんか。

現在の日本国民の政治に対する軽侮と不信は、今日このような表彰を受けたとはいえ、実はいたずらに馬齢を重ねてきただけでしかない、まさにこの私自身の罪科であるということを改めて恥じ入り慙愧するのみであります。

それでもなお、かくも長きにわたってこのような私に期待し支持を賜った国民の皆様に、この場をおかりして改めて心より御礼を申し上げ、あわせて深い深い慙愧の念をあらわす次第であります。

そして、そのゆえをもって、私は、今日この限りにおいて国会議員を辞職させていただきます。

ありがとうございました。》（一九九五年四月一四日、ルビは引用者による）

《宦官のような国家》と言っている。私はこれの意味するところは「結局、交戦権を持たない国の国会議員など去勢されている」と解している。官僚もそうだろう。あのとき議場にいた議員で、きちんと意味を理解した者は果たしているのだろうか？

九条が存在することは、自分たちを全否定することになる

日本国憲法制定以来、ずっと言われていることだが、九条、即ち交戦権の否定は、主

権国家としてあり得ない話だ。要するに張りぼての国家で他国――この場合はアメリカであろう――に隷属しろということは、国家主権の放棄だ。江藤淳の著作に『一九四六年憲法――その拘束』（文春学藝ライブラリー）という名作があるが、同書内で江藤はこう記している。

《ここ（引用者注：憲法草案に盛り込むべき必須の要件として三項目を提示した、いわゆる「マッカーサーノート」のこと）でもっとも注目すべきことは、「自衛権」と「交戦権」の否定が、なによりもまずは国家主権に対する決定的な制限として規定されていることであろう。〝戦争放棄条項〟を〝非戦条項〟、あるいは〝平和条項〟と解釈するのは実は問題のすり替えであって、それは正確には〝主権制限条項〟と理解されなければならない。》（傍点は引用者による）

譬《たと》えとしてふさわしいかどうか不安ではあるが、国家が主権を放棄――江藤は「制限」と記しているが同じ意味合いだろう――するということはこんなことではないだろうか。

　ある街で隣り合っている佐藤家と西村家。日頃から佐藤家は西村家に高圧的で、ゴミ出しのルールは守らない、躾《しつけ》の悪い犬を放し飼いにする、粗大ゴミを西村家の門前に放置する等、やりたい放題だった。勿論、西村家は戸惑っていたが、「近所と〈争いごと〉はしない」と半ば暗黙のうちに決めていたため、抗議しなかった。実力行使など到底あり得ない話だった。

　ところがある日、佐藤家の当主が「明日からお前んちの庭にある桜の木はウチのものにするから、この証書に署名・捺印をしろ」と言ってきた。争いごとをしない西村家は泣く泣く署名・捺印をし、桜の木は晴れて（！）佐藤家のものとなった。

　国家が主権を放棄するとはこういうことだ。祖国が他国の理不尽な要求に抗せず受け入れる、侵略を受けても抵抗しない……これでは国民はたまったものではない。しかしながら、これが九条を持つ日本の真の姿なのだ。

西部邁の慧眼

実際、ソ連によるシベリア抑留、北朝鮮による日本人拉致、韓国による竹島不法占拠、ロシアの北方領土不法占拠……戦後日本は〈普通の国家なら戦っていた〉事態にも実質的には対応してこなかった。普通に考えればあり得ないことだ。それに関して、西部邁が注目すべきことを記しているので、長くなるが引用する。

《自衛隊という戦力が半世紀に及んで存在しているのに、「戦力は保持しない」と規定している日本国憲法はまだ改正されておりません。この二枚舌に似て、千切れてぼろぼろになったNPTなる旗を高々と掲げて悦に入っている、そういう防衛論者がわんさかいるときていいます。しかもその旗の由来を尋ねてみたら、「日本封じ込め」の趣旨であったというのですから、何をかいわんやであります。

こんな始末になったのは、たぶん、戦争と（それがない状態としての）平和のことを自分で想像し自力で思考し自前で決断するという能力を日本人が失ったせいなのでしょう。「精神のダイナミズムを失った国民は深い昏睡《こんすい》状態に陥る」（オルテガ）、「外部への適応を専らにするのは、その文明にとって命取りとなる」（同）、あるいは「ある文明がデマゴーグの手に落ちるほどの段階に達したら、その文明を救済することは、事実上不可能である」（同）という予測がこの列島においてみごとに実現されているということかもしれません。そういうことならば、あの大東亜戦争について、というよりその戦争への戦後的な評価について、――といってもここでの核議論とのかかわりで――ひとまず始末をつけておかなければなりません。

《定型化された振る舞いを飽きもせずに（つまり無自覚に）繰り返すのが自動症です。その症状のうちで最も目立つものの一つ、それがあの大東亜戦争への「謝罪」だと私には思われます。そしてそれは、「歴史と伝統」の自己否定というトラウマティックな国民心理からして当然の発症でありました。戦争謝罪が六十年余にわたって休みなく行われたことの結果、日本の国民精神の奥底に一つの固定観念が少しずつ堆積されました。それは自分らの精神の深部に異常な攻撃性あるいは錯乱性が潜在しているのかもしれない、と感じる自己不安、自己不信です。いや、そのように感じたような振りをする自己欺瞞《じこぎまん》すらが進みました。自己不安や自己不信や自己欺瞞そのものは健常者の持つべき常識の一つといえましょうが、それも過度に及んで自動症となれば、自殺願望につながっていく類の、立派な病気です。

　そのことを表明しているのが、何あろう、「世界に冠たる平和憲法」の中心をなすと思われてきた第九条第二項の文言です。その意味は、「(侵略戦争の禁止を規定した) 前項の目的を達するため、(たとえ自衛のためのものであっても)〝戦力と交戦〟は認めない」というものです。この文章は次の二つの場合しか意味しません。一つは、「日本人には異常な攻撃性があるので、自衛の〝戦力と交戦〟を認めてしまったら、自衛を口実にしてかならずや侵略へと向かうであろう」とみなす場合です。もう一つは「日本人にはしばしば錯乱する性癖があり、それで自衛と侵略の区別がつかなくなるので、自衛の〝戦力と交戦〟も認めてはならない」と考える場合です。私は、寡聞にして、かかる自己否定を高らかに宣言した上で、建国した国民がほかにあるとは知りません。

　ここで憲法論をやりたいのではないのです。戦後の列島人に骨がらみに染みついた自己不安と自己不信と自己欺瞞、そしてそのような自己の抱えた精神的空洞から眼を逸らすための外部環境への献身的ともいえる適応、という事実を直視せよといいたいだけのことです。このことへの洞察がなければ、大東亜戦争への謝罪という国家儀式がなぜ恒常的に行われているのか、そして国家の自主防衛へのあけすけの無関心がなぜかくも長期化にわたって持続しているのか、ひいては「核」への反発がなぜこのように自動的に反復されるのか、説明がつかないと私は考えてきました。》（『核武装論』〔講談社現代新書〕ルビは引用者による）

日本という国家の抱えている問題の本質をすべて言い当てている、素晴らしい文章だと思う。要するに、自己不信、自己不安と自己欺瞞、この三つが日本人から離れないものになってしまっているということだ。そして、その元となっている九条を修正しない限り、この状態は永遠に続くのだ。

北朝鮮の日本人拉致に始まり、韓国やシナとの歴史戦・情報戦、北朝鮮の弾道ミサイル実験への政府の対処を見て、「なんか変だぞ」と感じた日本人が増えてきている。今回のウクライナ戦争もその一つだが、今転機が訪れていると思う。

であればそういう人たちを啓《ひら》き、導く言論が必要となってくる。重要なのはやはりジャーナリズムと政治だ。ところがまさにこの二つがアメリカの占領政策で骨抜きにされてしまい、啓き導くどころか、自己不信、自己不安と自己欺瞞のなかに閉じ込めるような状況を七〇年以上、延々とつくりつづけてきたのだ――ジャーナリズムの問題についての詳細は拙著『報道しない自由――「見えない東京の壁」とマスメディアの終焉』（ワニブックス【PLUS】新書）を参照してほしい。

ウクライナ支援のデモが起きるのはいいのだが、正直、同時に九条を変えろというデモが国会周辺で起きないのはおかしいと思う。

デモが起きてもおかしくないだけの数の人たちが、薄々「日本をおかしくしているのは九条だから、九条を変えてほしい」と思っていても、デモは起きない。その歯止めになっているのが、先に西部論文を引用したが、日本人の自信のなさ――自己不安と自己不信と自己欺瞞――だろう。この三つが九条改正への障壁になっていて、この三つの元になっているのが九条である……相互に支え合っている実に堅固で厄介な障壁だ。だが、絶対に壊さねばならない。

日本人は幸福ではない？

連合国（国連）の「持続可能な開発ソリューション・ネットワーク（ＳＤＳＮ：Sustainable Development Solutions Network）」が、毎年三月二〇日の「国際幸福デー」に合わせて発表している「世界幸福度ランキング」という調査がある。

フィンランドが五年連続トップに君臨（？）する一方、我が日本は五四位（前年度は五六位、前々年度は六二位）と低迷している。

たまたま、ベトナムから技能実習生で日本に滞在している青年がそれについてコメントしているニュースを見た。彼は「日本人はおかしい」と半ば憤慨していた。「なんで幸せじゃないんだよ？　充分幸せじゃないか。あなたたちが幸せじゃないって言ったら、ぼくらはどうするんだよ」と。

そう思うのは当然だろう。日本という国に来ると、世界中の人、皆がびっくりすると言う。というのも子供が一人で地下鉄や電車に乗っていたりするわけだ。「危なくてそんなことはあり得ない」と欧米の知人は皆が口をそろえる。若い男性はおろか、女性であっても酔っぱらって一人、終電ギリギリで家に帰ったりもする。外に置いてある自動販売機もあり得ない。まず破壊されて内部にあるお金や商品は盗まれるだろう。野菜の無人販売もきっと日本だけの話だろう、〈一〇〇円入れてください〉というやつだ。こんなに治安のいい国はない。

だから「不思議でしょうがない」のは理解できる。ただ一方で彼は「ベトナムにいるときから日本が大好きだったし、日本人も尊敬していたけれど、いざ日本に来てみたら、どうもちょっと違うなって感じで……みんな電車のなかで疲れた顔をしていて、楽しそうじゃない」とも言っていた。

こういう雰囲気というか空気というものは、先に引用した西部の指摘とやはり繋《つな》がっているのではないだろうか。理屈では「九条はおかしい」と理解して、それを変えるなどして撥ね返そうと思っても、できない。エネルギーがそこまでないというのか――まさに石原が「宦官」と評している――、そういう側面があると思えてならない。

実は日本はウクライナ戦争に参戦している?

日本はG7と歩調を合わせて、ロシアに経済制裁をしている。そのなかにはプーチン大統領をはじめ、ラブロフ外相、ショイグ国防相ら要人六名の資産凍結も含まれている。ウクライナには兵器ではないが、ヘルメットや防弾チョッキ等の軍事的な支援をしている。加えて人道支援として合計二億ドルを用意した。

これはロシア、プーチンから見ると敵対行為である。現代戦はキネティック(物理的)な戦いだけでは収まらず、政治戦、経済戦、心理戦、情報戦、宇宙戦、サイバー戦、電磁波戦等々、実に多岐にわたっている。宣戦布告こそしていないが、日本はウクライナ戦争に実質的に参戦していると言えよう。とくにロシアの論理に則るとまさしく敵国である。

敵国であるからには侵攻があっても不思議ではない。しかしながら、日本政府にそこまでの覚悟があっての制裁や支援なのだろうか?　交戦権の否定をしている九条の変更をしないまま、このような行動に出ても問題ないのだろうか?　私には順番が逆のような気がしてならない。

ロシアと日本の間に広がるオホーツク海は大陸棚が発達しているため、平均水深は八〇〇メートルと非常に浅い。ただ、南に下るにつれて深くなり、日本に近い千島列島付近は三〇〇〇メートル前後の水深がある。これは原子力潜水艦が潜むには打ってつけの場所だ。第三章で詳しく説明したが、核攻撃の最も有効な手段はSLBM、即ち潜水艦発射型ミサイルで、最も適した運搬手段が原潜なのだ。ロシアに「どうぞ核恫喝《かくどうかつ》をしてください」と言っているようなものだと思うのは、私だけだろうか？

ウクライナ戦争を受けて対外政策大転換

第一章で少し触れたが、親ロ路線を歩んでいたドイツがウクライナ戦争勃発後、国防費を対GDP比二パーセントにするとして、引き上げた。

ロシアがウクライナに侵攻してから三日後、二〇二二年二月二七日――日曜日にドイツは連邦議会の特別会議を召集した。その場でショルツ首相は、今は歴史の転換点にあり、世界は激変したとし、「ヨーロッパの平和のため、必要なことは何でもやる。ドイツは貢献しなければならない」と熱い演説をした。それまでのドイツの国是と言ってもいい「紛争地には殺傷兵器は送らない」という方針を棄て、「ウクライナを守るため、武器を供与する」――対戦車砲一〇〇〇門、携行式地対空ミサイル「スティンガー」五〇〇発、装甲車一四台、燃料最大一万トン――としたのだ。さらに先述のように国防費をGDP比一・五パーセントから二パーセントに引き上げること、軍装備の近代化のために一〇〇〇億ユーロの基金を組むこと、アメリカとの核共有に関する核運搬機として最新鋭戦闘機のF‐35購入の検討も示している。

もともとドイツは先の大戦の反省もあって、ソ連崩壊後のロシアとは良好な関係にあった――前述したように、二〇〇八年にメルケル首相（当時）がウクライナのNATO加盟を阻止しなければ、恐らく今回のロシアによる侵攻はなかったかもしれない。ドイツの親ロ路線を象徴するのが天然ガスパイプラインシステム「ノルドストリーム」だ。ヨーロッパのバルト海の海底をロシアからドイツまで走るこのパイプラインは、「ヨーロッパにおけるロシアの影響力を強めること」「東ヨーロッパや中央ヨーロッパを通る、既存天然ガスパイプラインの使用料が影響を受けて減額される可能性があること」「ヨーロッパのエネルギー安全保障を不安定なものにすること」などから、アメリカやウクライナ、その他の中・東ヨーロッパ諸国から猛烈な反対を受けていた。

それ以前の二月二二日の時点でショルツは新たに設置した「ノルドストリーム2」の承認を中止し、エネルギー政策の根本的な見直しに向けた議論も盛り上がっている。

このショルツの対外政策大転換を受け、ドイツで一三二〇人を対象に行われた三月時点での「政府の対ロ対応」についての世論調査では、回答者の五三パーセントが「適切」とし、二七パーセントが「不十分」、「やりすぎ」と答えたのは一四パーセントと少なかった。「民主主義と自由をかけた戦い」に奮い立ったドイツ国民が、少し前まで親ロ路線を突っ走っていた政府の背中を押しているのだ。

同じ先の大戦の敗戦国であるにも拘《かかわ》らず、ここまで日本と差が出るのは、ウクライナとドイツが近いという地政学的要因だけでなく、やはり〈九条の有無〉が大きい……私にはそう思えてならない。

ドイツと日本の大きな違い

第三章で詳細に検証したが、敗戦後の憲法に関してはっきりしているのは、ドイツの場合、ドイツ人がつくったことだ。自国人ではなく外国人がつくった憲法など、どこにもない。日本の場合、まずそれがおかしい。譬《たと》えとして正しいかどうかはわからないが、要するに、隣の佐藤家の家訓を西村幸祐が無理矢理つくって強要したようなものだ。小学校高学年くらいの子供だったら、普通におかしいということを理解できると思う。しかしながら、護憲派は「憲法公布からずいぶんと時間が経っているし、『いい憲法』なのだから、別に誰がつくっても構わない」というような主張をしている。これは欺瞞だ。

百歩譲っていい憲法だったとしても、外国人がつくった憲法のもとで自分たちの社会を営んでもいいのか？　これを許容するということは、要するに「完全に外国に隷属している」ということだ。そして、九条の柱になっている「交戦権の放棄」に関しても、国として最も大切な「独立」を放棄している。国家には独立精神――自分でやっていこうという気持ちが肝要であり、礎だ。それを自ら放棄しているから、日本は外交も立ち位置もフラフラしているのだと言えよう。

共産主義思想の刷り込みとお上に対する意識

ＷＧＩＰが非常に効果的だったことは本章の冒頭で述べたが、その影響を直接的に受けていない若い日本国民が、ヨーロッパのほぼ中央にあるウクライナで戦争が起きたことから、「このままだと日本もヤバいんじゃないの？」という危機感を覚えはじめている。

ここまで七〇年以上、日本が実は危険な状態にありつづけたにも拘わらず、それをよしとしてきた我々世代は猛省すべきだが、これはＷＧＩＰの影響だけが原因ではないだろう。

そこには日本を〈独立国家たらしめない〉ために行動した日本人が、確実に存在したことを忘れてはならない。そしてそこに所謂《いわゆる》、東側勢力――国家を「悪」の存在として捉える勢力――が入り込んできたのだ。恐ろしいことに、所謂「五五年体制」が盤石だった時代は、政権奪取こそできなかったが革新勢力が強かった。政党も半分が革新だったわけだ。

最も深刻だったのは教育現場だ。私自身も鮮明に記憶しているが、小中学校で教師が「昔、日本は悪いことをしたから戦争でアメリカに負けた」と何回話したことか。知り合いの年下の編集者は「高校の日本史の授業で教師がはっきりと『国家などというものは滅びることが歴史的に証明されている。国のために死ぬなんて犬死にだ。現に大日本帝国も滅亡している』と言った」と話してくれた。こういうことが日本全国の学校で展開されていたのだ。全員がそうだとは言わないが純真無垢《じゅんしんむく》な子供たちに、〈上の立場〉の教師が厳正とされる授業で刷り込み、祖国を軽く思う国民が量産されても仕方がない。

加えて、昔から日本人は割に「お上《かみ》が……」と、権威や権力に対して疑うという傾向があまりない。それゆえだろうか、「お上の言っていることは正しい」と真に受けてしまう人が多い。上に国を忌み嫌う連中が入り込んでしまったら当然、日本国民の多くが共産主義や無政府主義の方向に旋回してしまうだろう。

GHQは真っ赤っかだった

戦後、公職追放者は二一万名にも上った。対象者は要職にあった人たち、つまり優秀な人たちだ。こういう人たちが務めていた仕事のポストが空き、そこに入り込んだのがそれまで弾圧の対象になっていた共産主義者などの左翼だ。とくに初期のGHQは政治犯として収監されていた共産党員――徳田球一や志賀義雄などの幹部――など三〇〇〇名を釈放したり、日共を合法政党にするなどまさに〈真っ赤っか〉だった。

例えば、日本語の堪能なカナダ人外交官で、GHQに対敵諜報部調査分析課長として出向し、憲法草案要綱作成を日本側に促した、エドガートン・ハーバート・ノーマン。一九五一年のサンフランシスコ講和会議後にカナダに戻るが、アメリカでコミンテルンの構成員ではないかという疑惑が浮上した。カナダ政府はアメリカの圧力から彼を守ろうと、ニュージーランド、エジプトと赴任させたが、アメリカ議会で再度共産主義者の疑いをかけられ、カイロで自殺した。

彼は学生時代から共産主義者で、自殺から六〇年近く経った二〇一四年に公開された、イギリスのMI5（情報局保安部：イギリス国内の防諜を担当する情報機関）副長官からカナダ連邦騎馬警察長官に宛てた一九五一年一〇月九日付の書簡で「インド学生秘密共産主義グループを代表してインド人学生の共産主義への勧誘の責任者を務めていたノーマンが一九三五年にイギリス共産党に深く関係していたことは疑いようがない」と記されていたことが明らかになり、MI5はノーマンを共産主義者と断定している。

ノーマンは戦前から戦後にかけて、数冊の著作を出版している。共産主義者がGHQにいたわけだから、〈上から〉日本人に共産主義思想を植え付けたことになろう。そして先述のように、それが学校で延々と拡大再生産されていったのだ。

日本を研究したアメリカ、アメリカを拒絶した日本

先の大戦を戦っていた当時、日本は「鬼畜米英！」「敵性語は使うな」と、とにかくアメリカやイギリスに関係あるものは全部拒否していた。

それに対してアメリカは、日本人はどういう国民性を持っていて、どういう文化なのかを研究していた。その結果――ルース・ベネディクトの『菊と刀』という、我々からすると違和感を覚えざるを得ない本も出ているが――日本人の内在論理を理解していた。

これらはすべて米国戦略情報局（OSS：Office of Strategic Services）という情報機関が担っており、同局は一九四二年六月から活動を始めている。実にミッドウェー海

戦の頃には、日本占領計画の策定を始めているのだ。

その活動のなかでとくに重要だったのが日本兵捕虜への尋問だった。ちなみにその尋問を実際にやっていた通訳官の一人が、のちに日本文学の世界的権威として文化勲章を受章したドナルド・キーンだ。捕虜尋問の数多くのデータではっきりしてきたのが、捕虜になって束縛から解放されると、日本人は政治家や軍の幹部の悪口は言う。けれども誰一人として天皇に対する反感や批判を表する者はいないということだった。アメリカは日本人のお上に対する考え方を理解していて、お上さえ自分たちの思い通りに動かせば、国民は全員従うとわかりきっていたというわけだ。占領政策を展開する際に、それを充分活用したのだ。

もしソ連やオーストラリアが主張したように、昭和天皇を戦犯として訴追するようなことになったら、丁寧に立てた占領計画が灰燼《かいじん》に帰して、日本人から総反撃が始まるだろうとOSSは理解していた。GHQとしては絶対にそれを避けたかったわけだ。

さらにマッカーサーとの会見で、昭和天皇が「私は、戦争を遂行するにあたって日本国民が政治、軍事両面で行ったすべての決定と行動に対して、責任を負うべき唯一人の者です。あなたが代表する連合国の裁定に、私自身を委ねるためにここに来ました」とおっしゃった。マッカーサーはのちに『回顧録』に《……明らかに天皇に帰すべきでない責任を、進んで引き受けようとする態度に私は激しい感動をおぼえた。私は、すぐ前にいる天皇が、一人の人間としても日本で最高の紳士であると思った。》と記している。要は命乞いに来たのだと思っていた昭和天皇が「国民は悪くない、自分はどうなってもいい」とおっしゃったことに驚き、日本兵捕虜が誰一人として天皇陛下を悪く言わないのがなぜなのか理解したということだろう。

陸軍中野学校の甲五期、まだ秘密戦の訓練を受けていた期の卒業生で渡辺秀生さんという方がいらした。生前の渡辺さんに聞いた話だが、中国・青島に「渡機関」を設立し、インテリジェンス活動を展開したそうだ。しかし敗戦が決まると、本土から軍の武装解除を完遂し、全員を帰国の途につけたのち帰国せよという命令を受けたという。

大変困難な任務だがやり遂げねばと、様々なことを想定して任務にあたったそうだが、日本兵は陛下が武器を捨てて日本に帰って来いとおっしゃっているということになったら、誰も躊躇《ためら》うことなく、銃を置いていったということだった。凄く楽だったと。

日本人はそういうところが、世界標準から見ると少々特異だ。ＧＨＱはそこに巧くつけこんで、上手に洗脳したのだろう。日本国憲法もアメリカが書いたとはいえ、日本政府が発布して施行したわけだ。

国民からすると、憲法がお上から降りてきたことになり、それは守らねばならないということになったのだろう。

加えて「やはり戦争はいけないことだ、してはいけない」と、当時の日本人の九九・九パーセントは考えたはずだ。周りをすべて焼け野原にされ、家族や親族も死んでいる……本当に酷い目に遭ったわけだから。

そんな思考が前提になると、極々素朴なレベルでイデオロギーに関係なく、「憲法第九条はいいことを言っている。だから守るべきだ」と考えることになる。

そしてそれを万国の人たちに広げ、「自分たちはもう戦争は二度としない。そういう良心を持ってるんだから、相手もそれを理解できるはずだ」という思考経路に至る。それがまさに憲法前文に書かれている。冷静に考えれば、いろいろな人間のいる世界だから、悪いことを考える輩がいるのも当然だということはわかるはずなのだが……。

三島由紀夫について

交戦権放棄の問題や自衛隊と憲法の話などを考察するうえで避けては通れないのが、三島由紀夫だろう。まず市ヶ谷で自決する前に自衛隊に向けて放った檄文《げきぶん》、かなり長いが、その全文を引用する。

《われわれ楯《たて》の会は、自衛隊によって育てられ、いわば自衛隊はわれわれの父でもあり、兄でもある。その恩義に報いるに、このような忘恩的行為に出たのは何故であるか。

かえりみれば、私は四年、学生は三年、隊内で準自衛官としての待遇を受け、一片の打算もない教育を受け、又われわれも心から自衛隊を愛し、もはや隊の柵外の日本にはない「真の日本」をここに夢み、ここでこそ終戦後ついに知らなかった男の涙を知った。ここで流したわれわれの汗は純一であり、憂国の精神を相共にする同志として共に富士の原野を馳駆《ちく》した。このことには一点の疑いもない。われわれにとって自衛隊は故郷であり、生ぬるい現代日本で凛冽《りんれつ》の気を呼吸できる唯一の場所であった。教官、助教諸氏から受けた愛情は測り知れない。しかもなお、敢えてこの挙に出たのは何故であるか。たとえ強弁と云われようとも、自衛隊を愛するが故であると私は断言する。

われわれは戦後の日本が、経済的繁栄にうつつを抜かし、国の大本を忘れ、国民精神を失い、本を正さずして末に走り、その場しのぎと偽善に陥り、自ら魂の空白状態へ落ち込んでゆくのを見た。政治は矛盾の糊塗《こと》、自己の保身、権力欲、偽善にのみ捧げられ、国家百年の大計は外国に委ね、敗戦の汚辱は払拭されずにただごまかされ、日本人自ら日本の歴史と伝統を瀆《けが》してゆくのを、歯嚙《はが》みをしながら見ていなければならなかった。

われわれは今や自衛隊にのみ、真の日本、真の日本人、真の武士の魂が残されているのを夢みた。しかも法理論的には、自衛隊は違憲であることは明白であり、国の根本問題である防衛が、御都合主義の法的解釈によってごまかされ、軍の名を用いない軍として、日本人の魂の腐敗、道義の頽廃《たいはい》の根本原因を、なして来ているのを見た。もっとも名誉を重んずべき軍が、もっとも悪質の欺瞞の下に放置されて来たのである。自衛隊は敗戦後の国家の不名誉な十字架を負いつづけて来た。自衛隊は国軍たりえず、建軍の本義を与えられず、警察の物理的に巨大なものとしての地位しか与えられず、その忠誠の対象も明確にされなかった。われわれは戦後のあまりに永い日本の眠りに憤った。自衛隊が目ざめる時こそ、日本が目ざめる時だと信じた。自衛隊が自ら目ざめることなしに、この眠れる日本が目ざめることはないのを信じた。憲法改正によって、自衛隊が建軍の本義に立ち、真の国軍となる日のために、国民として微力の限りを尽すこと以上に大いなる責務はない、と信じた。

四年前、私はひとり志を抱いて自衛隊に入り、その翌年には楯の会を結成した。楯の会の根本理念は、ひとえに自衛隊が目ざめる時、自衛隊を国軍、名誉ある国軍とするために、命を捨てようという決心にあった。憲法改正がもはや議会制度下ではむずかしければ、治安出動こそその唯一の好機であり、われわれは治安出動の前衛となって命を捨て、国軍の礎石たらんとした。国体を守るのは軍隊であり、政体を守るのは警察である。政体を警察力を以て守りきれない段階に来て、はじめて軍隊の出動によって国体が明らかになり、軍は建軍の本義を回復するであろう。日本の軍隊の建軍の本義とは、「天皇を中心とする日本の歴史・文化・伝統を守る」ことにしか存在しないのである。国のねじ曲った大本を正すという使命のため、われわれは少数乍《なが》ら訓練を受け、挺身《ていしん》しようとしていたのである。

しかるに昨昭和四十四年十月二十一日に何が起ったか。総理訪米前の大詰ともいうべきこのデモは、圧倒的な警察力の下に不発に終った。その状況を新宿で見て、私は、「これで憲法は変らない」と痛恨した。その日に何が起ったか。政府は極左勢力の限界を見極め、戒厳令にも等しい警察の規制に対する一般民衆の反応を見極め、敢えて「憲法改正」という火中の栗を拾わずとも、事態を収拾しうる自信を得たのである。治安出動は不用になった。政府は政体維持のためには、何ら憲法と抵触しない警察力だけで乗り切る自信を得、国の根本問題に対して頬かぶりをつづける自信を得た。これで、左派勢力には憲法護持の飴玉《あめだま》をしゃぶらせつづけ、名を捨てて実をとる方策を固め、自ら、護憲を標榜《ひょうぼう》することの利点を得たのである。名を捨てて、実をとる！　政治家にとってはそれでよかろう。しかし自衛隊にとっては、致命傷であることに、政治家は気づかない筈《はず》はない。そこでふたたび、前にもまさる偽善と隠蔽、うれしがらせとごまかしがはじまった。

銘記せよ！　実はこの昭和四十四年十月二十一日という日は、自衛隊にとっては悲劇の日だった。創立以来二十年に亘《わた》って、憲法改正を待ちこがれてきた自衛隊にとって、決定的にその希望が裏切られ、憲法改正は政治的プログラムから除外され、相共に議会主義政党を主張する自民党と共産党が、非議会主義的方法の可能性を晴れ晴れと払拭した日だった。論理的に正に、この日を境にして、それまで憲法の私生児であった自衛隊は、「護憲の軍隊」として認知されたのである。これ以上のパラドックスがあろうか。

われわれはこの日以後の自衛隊に一刻一刻注視した。われわれが夢みていたように、もし自衛隊に武士の魂が残っているならば、どうしてこの事態を黙視しえよう。自らを否定するものを守るとは、何たる論理的矛盾であろう。男であれば、男の矜《ほこ》りがどうしてこれを容認しえよう。我慢に我慢を重ねても、守るべき最後の一線をこえれば、決然起ち上るのが男であり武士である。われわれはひたすら耳をすました。しかし自衛隊のどこからも、「自らを否定する憲法を守れ」という屈辱的な命令に対する、男子の声はきこえては来なかった。かくなる上は、自らの力を自覚して、国の論理の歪みを正すほかに道はないことがわかっているのに、自衛隊は声を奪われたカナリヤのように黙ったままだった。

われわれは悲しみ、怒り、ついには憤激した。諸官は任務を与えられなければ何もできぬという。しかし諸官に与えられる任務は、悲しいかな、最終的には日本からは来ないのだ。シヴィリアン・コントロールが民主的軍隊の本姿である、という。しかし英米のシヴィリアン・コントロールは、軍政に関する財政上のコントロールである。日本のように人事権まで奪われて去勢され、変節常なき政治家に操られ、党利党略に利用されることではない。

この上、政治家のうれしがらせに乗り、より深い自己欺瞞と自己冒瀆《じこぼうとく》の道を歩もうとする自衛隊は魂が腐ったのか。武士の魂はどこへ行ったのだ。魂の死んだ巨大な武器庫になって、どこかへ行こうとするのか。繊維交渉に当っては自民党を売国奴呼ばわりした繊維業者もあったのに、国家百年の大計にかかわる核停条約は、あたかもかつての五・五・三の不平等条約の再現であることが明らかであるにもかかわらず、抗議して腹を切るジエネラル一人、自衛隊からは出なかった。

　沖縄返還とは何か？　本土の防衛責任とは何か？　アメリカは真の日本の自主的軍隊が日本の国土を守ることを喜ばないのは自明である。あと二年の内に自主性を回復せねば、左派のいう如く、自衛隊は永遠にアメリカの傭兵《ようへい》として終るであろう。

　われわれは四年待った。最後の一年は熱烈に待った。もう待てぬ。自ら冒瀆する者を待つわけには行かぬ。しかしあと三十分、最後の三十分待とう。共に起って義のために共に死ぬのだ。日本を日本の真姿に戻して、そこで死ぬのだ。生命尊重のみで、魂は死んでもよいのか。生命以上の価値なくして何の軍隊だ。今こそわれわれは生命尊重以上の価値の所在を諸君の目に見せてやる。それは自由でも民主主義でもない。日本だ。われわれの愛する歴史と伝統の国、日本だ。これを骨抜きにしてしまった憲法に体をぶつけて死ぬ奴はいないのか。もしいれば、今からでも共に起ち、共に死の

う。われわれは至純の魂を持つ諸君が、一個の男子、真の武士として蘇《よみが》えることを熱望するあまり、この挙に出たのである。》
（ルビと傍点は引用者による）

三島は自決する前、「どうして憲法に体をぶつけて死ぬ奴はいないのか！」と檄を飛ばした。それは九条の含有する最大の問題点、その本質を捉えていたからだ。つまり、自らを否定するものをなぜ守ろうとするのかということだ。その論理は否定できない。

今回のウクライナの例で非常に印象に残っているのが、ウクライナ国軍とは別に「領土防衛隊」のような有志の市民が結成した別組織が複数あることだ。それと同時に、とくにネットメディアで話題になったが、ドローンでロシア軍戦車を攻撃するとき、一般市民が戦車の位置情報を提供するなど、協力しているのだ。攻撃ドローンを飛ばしているのも民間人であるケースが多いと聞く。国民が一体となって戦っているのだ。

こういう思考や姿勢は日本にも必要で、恐らく「楯の会」はそういう役割を果たそうとしていたのだと思う。それゆえ「民間防衛組織」と称していたのだろう。

三島の遺した課題は今現在も何ら解決していない。

第五章　改めて憲法、そして日本国憲法について考える

なぜ、アメリカがそこまでして、日本に憲法を押しつけようとしたのか。（略）平和思想の価値とはまったく別の理由だった。（略）日本が戦勝国であるアメリカにたいして、半永続的な武装解除を誓うという項目だと考えたほうが、わかりやすい。（略）講和条約をむすんで、占領が終了し日本が独立した後でも、日本を武装解除しつづけ、アメリカの保護下におく。それが九条の本質だ。

（福田和也『魂の昭和史』）

「憲法」で分断されている日本

二〇一六年一月一二日、ドイツ外務省はその二日前に六九歳で死去したイギリスのミュージシャン、デヴィッド・ボウイに、追悼のツイートをした。そのツイートには、「ベルリンの壁」の崩壊に協力してくれたことに対する感謝の言葉が含まれていた。

ベルリンの壁のほど近くでコンサートを行い（一九八七年）、壁の向こうの友人たちに贈るとしてボウイが歌った「ヒーローズ」は、のちにボウイ自身が明かした歌詞の真意はともかく、壁の側で落ち合う恋人たちの姿を描いている。そのコンサートの二年後の一九八九年一一月九日、ベルリンの壁は崩れた。

その一ヶ月後、地中海のマルタ島で、ソ連共産党書記長ミハイル・ゴルバチョフとアメリカ大統領ジョージ・H・W・ブッシュ（父ブッシュ）が会談し、「冷戦の終結」を宣言した。翌年に東西ドイツは再統一され、さらにその翌年、ソビエト連邦は消滅する。

ベルリンの壁は、第二次世界大戦終戦後の世界秩序である「米ソ冷戦構造」の象徴だった。

ベルリンの壁は崩壊した――。

しかし、我が国には、冷戦構造をかたくなに守る〈東京の壁〉が残っている。日本社会は「日本国憲法」という分厚い壁で分断されている。その分断は、組織として目に見えるものの分断から、目に見えずに揺れ動く私たち一人ひとりの内面における分断まで多岐にわたる。

そしてその壁は、現実を見たくない人々、とくに安全保障や軍事の現実を視界から消したい人々による「情報遮断」というコンクリートで厚く固く塗り込められているのだ。

憲法をもっと身近なものとして考えたい

現在の日本国憲法は施行以来の七五年間で一度も改正されたことがない、世界でも非常に珍しい憲法である。

そういう意味で、今回のウクライナ戦争を契機に「このままで日本は大丈夫なのか」と、所謂《いわゆる》平和主義を謳《うた》う憲法第九条をはじめとする、憲法改正の議論が出始めているのは、注目すべきことだ。

この七五年間、憲法に関する議論といえば「改憲派vs.護憲派」という構図だったが、これだけで議論が展開されるのは、ある意味、危険なことでもある。というのも、二項対立のテーマだけが独り歩きし、改憲派、護憲派それぞれのスローガンだけが、我が国の情報空間を占拠し、「憲法とはそもそも何か？」「憲法はどうあるべきなのか？」「変えるのなら何を変えるのか？」「変えないのならなぜ変えないのか？」というごく真っ当な議論が、すべて「改憲派vs.護憲派」という騒がしい二項対立のなかに沈み込んでしまうからだ。

それほどまで「改憲派vs.護憲派」は、重要なテーマなのだろうか。

それほどまで「憲法」とは、手に触れられないような高い場所に、まるで神棚に祀《まつ》るような、アンタッチャブルなものなのだろうか。

「改憲派vs.護憲派」という二項対立の喧騒《けんそう》は、そんな疑問すら掻き消してしまうだろう。これでは冷静に、客観的に両派のプロパガンダと無縁な場所で、憲法について考えることは困難になる。それはきわめて危険なことである。

敗戦から今年（二〇二二年）は七七年になるが、その間、アメリカは六回、フランスは二七回、敗戦国側であるドイツでは五九回、イタリアでは一六回の憲法改正を行っている。

誰でもこんな疑問を抱くはずである。日本は、なぜ、憲法をまるで神棚の奥深くにしまい込んだまま、手も触れずにまるでご神体のように祀っているのか……。これではほとんど〈憲法教〉ではないか。

現行憲法草案が英語で書かれたものであること。我が国の敗戦後に占領軍最高司令官総司令部（ＧＨＱ）が、日本を占領中につくったものであること。こんな、ごく初歩的な基礎知識さえ持っていない人も多い。学校で「憲法が大切だ」と力説する教師たちが、なぜ教えなかったのであろうか。日本の敗戦後、日本を占領し、統治、改造するための法律〈占領基本法〉をＧＨＱは必要としていた。「教育基本法」はその一つとして有名であるが、実は日本国憲法もそんな占領基本法の一つではないだろうか。

憲法はご神体ではない。我々の日常に影響を及ぼす「法」の一番上に位置するものだ。もっと身近なものとして考えないと、知らないうちに深刻な影響を受けることになる。そんなことは誰でも避けたいのではないだろうか？

憲法の常識、非常識

憲法とは、簡単に言えば「国家の運営や統治の基本的な取り決めを整理したもの」である。本来は、文章化されているか、あるいは慣習として尊重されているかは問わないが、普通は文章化されたものを憲法という。

そう考えると、「国家であれば、そこには必ず憲法が存在する」ということになる。その国の政治体制が「王制」であるとか「共和制」であるとか、「独裁制」であるとか「民主制」であるとかは問わない。

一七七六年、イギリスからの独立宣言をしたアメリカは、それ以前の歴史を持たない「新設国家」である。「アメリカ合衆国憲法」には、新設された国家の運営ルールが書かれている。アメリカにとっては、憲法が国家そのものだ。

ちなみに、合衆国憲法はこれまでに二七回の改正が行われている。しかし、一七八七年に作成されたすべての条項には一文字も手が入れられておらず、削除もなく残されている。改正は、修正条項として憲法（法典）末に追加されていくわけである。

賛成数の比率などから手続き上改正が難しいものを一般的に「硬性憲法」と呼ぶが、この合衆国憲法のように一字一句の変更・削除もされない憲法を「硬性憲法」と呼ぶ場合もある。一方、比較的改正のハードルが高くないもの、また、条項の文章を修正したり削除することで改正していくものを「軟性憲法」と呼ぶ。

フランスの憲法もまた、革命によって立てられた「新国家体制整備」のための憲法である。王政を倒した一七八九年の「フランス革命」を経て、一七九一年にフランス共和国最初の憲法が発布された。

米仏の憲法は「近代憲法」、そして「成文憲法」の手本として知られているが、ヨーロッパで最初に憲法を立てた国はイギリスだと言われている。ただし、イギリスにはアメリカ合衆国憲法や日本国憲法などのように一冊にまとまった「憲法典」は存在しない。

一二九七年の「マグナ・カルタ（大憲章）」から始まり、一六八八年の「権利の章典」、二〇二〇年に制定された「欧州連合法（離脱協定）」までの二六の成文法（二〇二二年現在）がイギリスでは「憲法的法規」＝「憲法」と呼ばれる。つまり、他国のように一つのまとまった法典としての憲法はないのだ。

イギリスは国民主権の国ではない。主権は議会にある。イギリス議会は、下院に相当する庶民院と上院に相当する貴族院、その決定を儀礼的に承認する国王で構成される。そして、憲法的法規はあくまでも「憲法的」という意味にほかならず、その改正の手続きは一般法と変わらない。

イギリスでいう憲法は、イギリス議会が持つ伝統的な政治常識、言うなれば議会のモラルを指す。「イギリスには憲法がない」と表現されるのはこのためである。

「十七条憲法」は世界に誇る知的財産

日本に「憲法」という言葉が初めて現れるのは、養老四（七二〇）年に完成したとされる『日本書紀』の巻第二十二の「推古天皇紀」にある「皇太子親肇作憲法十七條」の一文である。いわゆる聖徳太子の「十七条憲法」である。

昨今、聖徳太子については、その実在についての研究が盛んである。最近の歴史教科書などでは「聖徳太子」だけでなく「厩戸王《うまやどのおう》」、または「厩戸皇子《うまやどのおうじ》」と書くか、「厩戸王（聖徳太子）」などと記述されている。

「皇太子親肇作憲法十七條」の皇太子とは推古天皇の皇太子、厩戸王（厩戸皇子）のことで、その実績が聖徳太子という架空の人物のものとしてまとめられたとも言われている。しかし、聖徳太子が架空の人物かどうかは、聖徳太子という〈伝統の価値〉とは全く関係ない。

十七条憲法もまた、後世の、つまり『日本書紀』の作者による創作だとするような研究もある。だが、これもまた、十七条憲法という伝統の価値とは関係がない。古来の日本人の考え方がこれによってわかるということが重要である。

「伝統の価値」と言ったが、別の言葉で言えば、少し難しくなるかもしれないが、〈実在の重さ〉ということだ。『聖書』や『コーラン』などの聖典が教えるように、どのようにしてそれらが書かれたか、また内容が歴史的事実かどうかとは関係ないように、あるいは、『古事記』の神話的記述が歴史的事実に則しているかが問われないように、聖徳太子の十七条憲法は実在の重さに裏打ちされている。

一般的に十七条憲法に書かれている内容は、当時の官僚が心得ておくべきモラルだとされている。《和を以《も》って貴《とうと》しとなし》が有名だが、賄賂の禁止や実力による適材適所、勤務規定、賞罰、徴税について、民の使役についてなど、行政法規も多く含む。

とくに注目すべきなのは、第一条に書かれ、さらに最終第十七条で再び念を押している「議論の大切さ」である。これは「合議による行政が当時すでに標準だった」、少なくとも「標準とすべきとしていた」ということを意味している。

アメリカは勿論、ヨーロッパが誕生する遙か昔から、日本は「合議制行政」、即ち「議会制民主主義」の精神の重要性を成文化していたことになる。

繰り返すが、本書の「巻末付録」として、十七条憲法の全文（読み下し文）と現代語訳を掲載している。是非、一読していただきたい。

十七条憲法に見る〈日本型民主主義〉

「敗戦後に、日本はアメリカから民主主義を与えられた」と言う人が未だにいるが、これは嘘である。ヨーロッパ誕生以前から、アメリカよりも一〇〇〇年ほど早く、我が国には〈日本型民主主義〉があったのだ。

『日本書紀』に現れる「十七条憲法」でとくに注目すべき点がある。

既述のように、第一条は、有名な《和を以《も》って貴《とうと》しとなし》である。このあとに《忤《さから》うこと無きを宗《むね》とせよ》（いさかいを起こすな）と続く。

そしてこの条は、上の者も下の者も協調して、つまり互いの立場を重んじて議論すれば必ず道理にかなう、と続くのである。

さらに興味深いのは、最後の第十七条で同様の内容を《それ事は独《ひと》り断《さだ》むべからず。必ず衆《しゅう》とともに宜しく論ずべし》と念を押していることである。第十七条を現代語で訳せば次の通りだ。

（ものごとは一人で判断してはならない。必ず皆で議論して判断せよ。小事は、必ずしも皆で論議しなくてもよい。ただし、大事の場合、独断では判断を誤ると疑え。そのようなとき、皆で検討すれば、道理にかなう結論が得られるだろう。）※現代語訳　西村

「議論の大切さ」で始まり、再び「議論の重要性」で終わる十七条憲法は、日本人が古

来、「自ら判断せず、まず話し合うことが大切だ」という姿勢がきわめて重要だと考えてきたことを物語っている。この姿勢は、『日本書紀』と同時期に成立した『古事記』にも窺える。

『日本書紀』も『古事記』も神話で始まるが、神話はその民族が長い時間をかけて培ってきた世界観の表出である。

『日本書紀』や『古事記』に現れる日本の神々は、〈支配〉ということに興味を持たない。「自分だけが決定権を持っている」とは考えず、他者の知恵を借り、何かにつけ寄り合って会議でものごとを決める。

近代憲法、とくに「アメリカ合衆国憲法」に書かれた民主主義に対する姿勢、民主主義の方法論、さらには個人の権利と自由とその尊重の持つ危険性など、日本人はとっくの昔に知っていた。そして、それらについて現実的に対応していくことの困難さ、議論することの難しさも知っていたのだ。

わざわざ書き記すということは、十七条憲法に書かれたことは「なかなか守られることはなかった」ということなのかもしれない。しかし、神話の時代から、それらは「守られなければならない大切なもの」ということが、日本人の身に染み込んでいたとも言えるだろう。

本来、日本人には、この十七条憲法で充分なのだ。だから日本人に「憲法」＝「近代憲法」は要らない――。

「日本国憲法」は「ハーグ陸戦条約」違反!?

「日本国憲法」はアメリカがつくった。これはまぎれもない事実である。

安倍晋三元総理は第一次内閣発足時に、「日本国憲法は米国からのお仕着せであるから自主憲法が必要だ」という内容の発言を行い、非難を浴びた。その主張は、安倍元総理の一議員としてのホームページに今も次のように明言されている。

《まず、憲法の成立過程に大きな問題があります。日本が占領下にあったとき、GHQ司令部から「憲法草案を作るように」と指示が出て、松本烝治《まつもとじょうじ》国務大臣のもと、起草委員会が草案作りに取り組んでいました。その憲法原案が昭和21年2月1日に新聞にスクープされ、その記事、内容にマッカーサー司令官が激怒して「日本人には任すことはできない」とコートニー・ホイットニー民生局長にGHQが憲法草案を作るように命令したのです。
これは歴史的な事実です。その際、ホイットニーは部下に「2月12日までに憲法草案を作るよう」に命令し、「なぜ12日までか」と尋ねた部下にホイットニーは「2月12日はリンカーンの誕生日だから」と答えています。これも、その後の関係者の証言などで明らかになっています。
草案作りには憲法学者も入っておらず、国際法に通じた専門家も加わっていない中で、タイムリミットが設定されました。日本の憲法策定とリンカーンの誕生日は何ら関係ないにもかかわらず、2月13日にGHQから日本側に急ごしらえの草案が提示され、そして、それが日本国憲法草案となったのです。》（ルビは引用者による）
まず、ここに述べられた歴史的事実を認めない人々がいる。また、事実は認めても「それがどうした?」と開き直る人もいる。が、どうしたもこうしたもない。自国の憲法を、他国がつくったのであれば、それはもう「憲法」ではない。

もう八年も前になってしまうが、二〇一四年に興味深い出来事があった。

「国際女性デー」である三月八日に、当時のキャロライン・ケネディ駐日米国大使が、その日本語アカウントでなんと次のようにツイートした。

《ベアテ・シロタ・ゴードン――日本国憲法に女性の権利を書き込みました。》（ケネディ大使のツイート　https://twitter.com/AmbCKennedy/status/442214435747557376）

このツイートに対して、私は思わず英語で「二二歳の女性ベアテが日本国憲法を書くためにGHQに加わったという事実は、我々日本人の憲法破棄への情熱を駆り立てるだろう」という意味のリプライをした（西村からケネディへのリプライ　https://twitter.com/kohyu1952/status/818930383559475200）。

ここにはきわめて重要な問題がある。

戦争犯罪を糾弾する場合の根拠として「ハーグ陸戦条約」がある。戦時国際条約であるハーグ陸戦条約の第四三条は、占領者は《絶対的な支障がない限り、占領地の現行法律を尊重》して秩序回復に努めなければならない、としている。他国の憲法に手を入れたことを明かす上記のツイートは「ハーグ陸戦条約違反」、つまり「戦争犯罪」を告白したに近い。

占領下、日本の検閲を担っていた民間検閲支隊（CCD：Civil Censorship Detachment）は、検閲政策を展開するうえでプレスコードをまとめていた。そのなかに、「SCAP（Supreme Commander for the Allied Powers、連合国軍最高司令官〔＝マッカーサー元帥〕）が憲法を起草したことに対する批判」という項がある。《日本の新憲法起草に当ってSCAPが果した役割についての一切の言及、あるいは憲法起草に当ってSCAPが果した役割に対する一切の批判（を削除または掲載発行禁止）》としている。

これらを禁じた動機は二つ考えられる。一つは、ハーグ陸戦条約違反を隠蔽して、国際的な糾弾を避けること。もう一つは、日本国憲法はあくまでも日本発案の「自主憲法」だとして、スムーズな占領策を進めること。

なかでも、第九条の「戦争放棄条項」は当時の総理・幣原喜重郎《しではらきじゅうろう》の発案であるとして、一部研究者の間に、「マッカーサーの回顧録」「幣原の回顧録」「当時の憲法調査会の肉声とされる記録等の史料」を根拠として〈押し付け憲法論〉による憲法改正推進を批判する声もある。

しかし、日本は「大東亜戦争」――GHQの命令で「太平洋戦争」というアメリカが使用した言葉に変更させられた。「大東亜戦争」は閣議決定された正式名称――に敗戦し、外交に大敗した国である。アメリカをはじめとする「戦勝国の国益」にとって、最も効率の高い占領施策を練り、それに沿った指導を日本にしようとするのは当然のことだろう。

史料をまず疑ってかかるべき研究者が、自らのイデオロギーに沿う史料に無条件に飛びつき、なおかつ臆面もなくそのイデオロギーをとうとうと述べる姿は滑稽ですらある。

さらに言えば、九条の戦争放棄条項が確かに幣原喜重郎の発案であったところで、九条が憲法として適当であるかどうかの議論の必要性が揺らぐものではない。

日本国憲法がＧＨＱ発案による〈アメリカ製の憲法〉であることは、日本国内ではもはや常識に近い。そして、その常識を、当時のケネディ大使は改めて白日の下に晒《さら》したことになる。

ＧＨＱが隠蔽し、戦時国際条約違反の可能性さえある案件をうかつにもツイートで流したケネディ大使の外交官としての資質を問うのはアメリカ側の問題だから、これ以上言及しない。

ここで私が指摘しておきたいのは、アメリカの政治家、恐らくは一般のアメリカ国民も、おしなべてケネディ大使と同じく、「日本国憲法はアメリカがつくってあげたもので、日本がまた〈悪さ〉をしないためのもの」と当然のように考えていると、容易に想像できることだ。前章の冒頭でも触れたが、これはバイデン大統領も同様だ。

アメリカ国民が総じて「日本国憲法はアメリカがつくってあげた」と考えているのと同様に、日本国民の多くは「日本国憲法はアメリカのお仕着せだ」と考えている。ではなぜお仕着せにされたのだろうか？　それは「日本が戦争に負けたからだ。だから仕方がない」という話では勿論ない。国際法上、敗戦国には敗戦国の権利があり、果たして日本はそれを過不足なく行使してきたのかという話だ。

「諸国に謝罪しつづけなければならない日本」という状態は、GHQの占領政策によるものだ。しかし、占領が解かれて七〇年が経つ現在もそこから抜け出ることがないのは、明らかに日本側に責任がある。

敗戦国としての権利を考えるということは、敗戦に正しく向き合うことにほかならない。こうした姿勢の欠如に、戦後日本の問題がある。現行憲法論議の核心はここにあり、敗戦に正しく向き合おうとしないところに、護憲も改憲もないと私は思う。

実は日本国憲法の改正を期待しているアメリカ

アメリカ国内で「日本の占領施策は成功だった」と判断されていることは、二〇〇五年八月三〇日にジョージ・W・ブッシュ（子ブッシュ）大統領が行った「対日戦勝記念日」演説の内容からも明白である。
二年前に開始した「イラク戦争」に批判が集まるなか、ブッシュ大統領は「民主化」

と銘打ったうえで、「日本占領の成功」を引き合いに出した。それによって、対イラク政策への国民の支持を取りつけようとしたのである。

かたや二〇一二年、当時東京都知事だった石原愼太郎がワシントンでの討論会で「日本国憲法破棄」を述べたとき、討論者リチャード・ローレス元国防副次官は「日本国憲法は確かにアメリカ占領時代の遺物であって、日本はそれを変える権利も自由も有している」とした。同討論者ジム・アワー元国防総省日本部長もまた「アメリカが反対することは全くないだろう」と賛同している。

それに先立つ一九九二年、ソ連崩壊の直後に、ワシントンに本拠を持つ保守系シンクタンク「ヘリテージ財団」は、「日本に改憲を指導すべきだ」という政策提言をすでに行っている。

内政干渉も甚《はなは》だしいが、その理由をヘリテージ財団は「マッカーサー憲法は現実の世界で欠かせない力の行使や戦争をすべて否定することで日本に例外意識を与え、国際社会の正常な一員となることや日米同盟に充分な寄与をすることを妨げてきた」とした。

アメリカは冷酷な独善の国だが、「結果・結論」はともかく、そこに至る「調査・分析」はきわめてフェアに行う国である。前述したヘリテージ財団の提言は三〇年前のものだが、「例外意識」という言葉には大いに注目すべきものがある。

「連合国（国連）憲章」と日本国憲法の矛盾

「護憲」を求める勢力にはある一つの共通項がある。それは連合国（国連）への尋常ではない期待と「連合国（国連）憲章」への過剰な賛美だ。ときにそれは「日本国憲法第九条は国連憲章と響き合う、世界に誇るべき平和の条項」などと表現される。

本当だろうか？

彼らの賛美する連合国（国連）憲章、その第七章「平和に対する脅威、平和の破壊及び侵略行為に関する行動」第五一条を見てみよう。

《第五一条

この憲章のいかなる規定も、国際連合加盟国に対して武力攻撃が発生した場合には、安全保障理事会が国際の平和及び安全の維持に必要な措置をとるまでの間、個別的又は集団的自衛の固有の権利を害するものではない。この自衛権の行使に当って加盟国がとった措置は、直ちに安全保障理事会に報告しなければならない。
また、この措置は、安全保障理事会が国際の平和及び安全の維持又は回復のために必要と認める行動をいつでもとるこの憲章に基く権能及び責任に対しては、いかなる影響も及ぼすものではない。》（傍点は引用者による）

連合国（国連）憲章は「自衛権」の行使を認め、自衛権には「個別的自衛権」と「集団的自衛権」があるとしている。つまり、日本国憲法に書かれていなくても、日本には自衛する場合どちらの方法（「個別的自衛権」と「集団的自衛権」）も認められているのだ。

「国際法は加盟国（または批准各国）の憲法より勝る」という国際社会の常識に則って検証するならば、護憲派改憲派問わず、これ、即ち「日本には自衛する場合どちらの方法（『個別的自衛権』と『集団的自衛権』）も認められている」ことを認識していることは間違いないだろう。

しかも第五一条は、《安全保障理事会が国際の平和及び安全の維持に必要な措置をとるまでの間、》自衛権の行使を認める（ただし安保理事会に報告しなければならない）と言っている。連合国（国連）憲章では、自衛権の行使は《国際の平和及び安全の維持》を目的としているのである。その失敗や不当を裁くに際しては、第一四章で規定された「国際司法裁判所」がある。

連合国（国連）を尊重して世界の平和に貢献することを主張する護憲派は、なぜ、日本が、安倍元総理が中心となって整備した新しい安全保障法制で集団的自衛権を行使し、《国際の平和及び安全の維持》にわずかでも貢献できるようになったことを歓迎しないのか。

護憲派は「自衛官のリスクが高まる」「徴兵制が復活する」「安全保障法制は子供たちを戦場に送り込むことになる」と言う。ならばなぜ「連合国（国連）を尊重する」との主張をやめないのか？

また日本の歴代政権は、日本国憲法と連合国（国連）憲章第五一条との整合性についての見解を「集団的自衛権は保有しているが行使することはできない」としてきた。

国際法は憲法に勝るとはいえ、国家は自らの憲法に記すことで初めて、権利を制限することができる。「集団的自衛権の行使は放棄する」と憲法に書かない限り、行使することはできないとすることこそ違憲であるという議論になぜならないのか？

既述したように、そもそも連合国（国連）憲章が集団的自衛権を加盟国の権利としているのだ。

無理筋の制定だった日本国憲法

戦時国際条約違反の可能性があり、「ＧＨＱ発案ではなく、あくまでも国内発案の自主憲法だ」としなければならないという、ストレスの大きいこの日本国憲法は、その制定に特殊な政治的テクニックを必要とした経緯がある。

制定という言葉を使ったが、現行憲法は正確には、大日本帝国憲法第七三条に定められた改正手続きを経て公布、施行されたものである。改正手続きは第一次吉田茂内閣の下で行われた。

憲法改正の動機と目的について、昭和二一（一九四六）年七月一日の帝国議会における「大日本帝国憲法改正審議委員会」で、ときの国務大臣・金森徳次郎は次のように答弁している。

《御承知のごとく、この憲法改正の動機となりましたものは、国際的には「ポツダム宣言」であります。国内的には日本が経験し、また考察する所の諸般の欠点を補正することであります。（中略）「ポツダム宣言」が日本に対して憲法に関する三つの要請を示しているものと思われます。一つは民主政治の権利を復活し強化するということであります。第二には国民の基本的自由権を確実に保障するということであります。第三には国民の自由なる意思決定に基づいて政治機構の根本を定め、責任政府を樹立すべしということであります。》

答弁の内容は全一三条からなる「ポツダム宣言」の第一二条《日本国国民が自由に表明した意志による平和的傾向の責任ある政府の樹立を求める。この項目並びにすでに記載した条件が達成された場合に占領軍は撤退するべきである。》を指している。

しかし、大きな問題があった。新憲法は「ポツダム宣言」を受けて国民主権を謳っている。一方、大日本帝国憲法では天皇主権とされている。実は「憲法改正限界説」と呼ばれるが、主権の所在の変更は憲法改正の限界を超えており、前憲法である大日本帝国憲法の条項による改正は不法であるという解釈が法学上成立するのである。

前述したように、新憲法はアメリカの戦時国際条約違反の可能性を排除せねばならなかった。「GHQ発案」ではなく、「あくまでも国内発案の自主憲法」としなければ占領施策に沿わない。

主権の問題について金森国務大臣は憲法改正の動機に続き、次のように答弁した。

《国家の行動の原動力ともなるべき意思の現実の源がどこにあるかということを言い表す意味において、主権という言葉を用いるならば、それは国民の全体にある、その国民の全体の中には天皇が含まれているということを申し上げました。（中略）

私が考えておりますのは、国家の意思の源泉というものは、一人ひとりの人間のその考えそのものではない、日本国民何千万あるその一人ひとりの考えが直ちに国家の主権となるというふうにはどうしても考えられませぬ。国民が各自統合する、一つの連結をする、その連結をする中にまとまって来る所の考えが日本の国家の意思になるのであります。したがって主権の本体は国民の組織している全体にある。天皇を含みたるその国民の組織している全体にあるのであります。》

そして、有名な「憧れの天皇」答弁へと続く。吉田内閣はどうしても改正手続きをもって新憲法を成立させる使命を内外に帯びていた。

《国体ということにいかなる考えを持っているか、私は本会議において国体は変更せられていないと申しました。明らかに左様に申し上げたのでありまするが、しかしこれは国体とは何であるかということを言わない限り、極めて明白を欠くものと言わなければなりませぬ。そこで国体ということは、国民の心の奥深く根を張っている所の天皇との繋がりにおいて国民が統合し、いわば憧れの中心として天皇を考え、その上

に国家が存在するのであります。この国の特色を我々は国体と言ったわけであります。（中略）
　なお次にこの天皇の御地位についての問題でありますが、これは前にも申しましたように、天皇は我々の憧れの中心であり、心の奥深く根を張っているところの繋がりの中心である、そういう風に考えました時に、この基礎的な事実は、日本国民の意識の存する限り変わるべきものではないのでありまして、この心あればこそ、我々は天皇を見る時、ここに国家を見るのであり、天皇を見る時、ここに国民統合の姿を見るのであります。（拍手）新憲法はそのような心を裏付けとして、その上に国民の総意を基として築き上げられたる規定である訳であります。》

吉田内閣はこの金森国務大臣の答弁を主軸にした、簡単に言ってしまえば「国民の中に天皇も含まれるから主権の変更はなく、したがって改正手続きに支障はない」という共通認識で国会を乗り切ったのだ。

「自虐史観」を下支えしている「八月革命説」

帝国議会での審議に並行して、憲法学会で用意されていたのが「八月革命説」である。その内容は次の通りだ。

●ポツダム宣言受諾は、天皇による国民への主権の移譲の同意・承認である。
●したがってポツダム宣言受諾時点で国民主権と矛盾するため、大日本帝国憲法は効力を失う。
●これは法的意味の「革命」である。
●したがって、新憲法は主権者となった国民が新たに制定した憲法となる。
●旧憲法による改正手続きは、形式的な意味のみ持つ。

八月革命説は、東京帝国大学憲法研究委員に就任した政治学者の丸山眞男《まるやままさお》が委員会で提示した説を、委員長の憲法学者・宮澤俊義《みやざわとしよし》が丸山の承諾を得たうえで「八月革命と国民主権主義」と題し『世界文化』に論文発表したものとされている。宮澤はその後、貴族院議員に勅選《ちょくせん》され、内閣の「国体不変論」について批判している。

「東京帝国大学憲法研究委員長」という重職にあった宮澤俊義にはGHQからのアプローチも強くあっただろうことは容易に想像できる。GHQは議会や学会、マスコミなど多角度から日本国憲法、GHQにとっては〈占領施策憲法〉をガードした。

八月革命説は主権の移行が国内主導で行われたことを法的に説明する理論であり、現在も生きつづけている。

そしてそれ以上に八月革命説は〈革命〉というエキセントリックなキャッチフレーズをもって、敗戦前の日本をすべて悪とする「自虐史観」の誕生に一役買い、その醸成の礎となったのである。

このように八月革命説は、プロパガンダとして機能した。日本国憲法は〈軍国主義の世界の極悪人・大日本帝国を革命で倒した日本国民が手に入れた「自由」「平等」「博愛」「平和」のシンボル〉となった。このイメージに浸るなら、日本国憲法は神棚に祀られるご神体か、不磨の大典となる以外になかったのである。

おわりに

憲法改正のみが日本を救う

――本書の「おわりに」は「はじまり」である

令和四（二〇二二）年五月三日の「憲法記念日」で、日本国憲法は施行七五年になった。日本を占領していた連合国軍最高司令官総司令部（ＧＨＱ）の強制により、日本人の叡智《えいち》を結集した大日本帝国憲法が改正されたことは第五章で述べた。その〈改正帝国憲法〉の公布が昭和二一（一九四六）年一一月三日で、施行が昭和二二（一九四七）年五月三日だった。実は、この日本国憲法の成立過程で、もう一つの重大なプログラムも同時進行で動いていた。即ち、東京裁判（極東国際軍事裁判）である。

日本国憲法が施行されるちょうど一年前の昭和二一（一九四六）年五月三日、市ヶ谷の陸軍士官学校（現・防衛省所在地）の講堂で、悪名高い、戦勝国が敗戦国を裁く、裁判とは名ばかりの不正な東京裁判が始まった。つまり、東京裁判が開廷した同じ日に、占領憲法としての現行憲法が施行されるようにＧＨＱがプログラムしたと考えられる。新憲法の公布から施行まで半年の期間を前提としたなら、新憲法を公布した昭和二一（一九四六）年一一月三日という日にちが、あらかじめ基準になったのだろう。一一月三日は言うまでもなく、明治節、明治天皇の誕生日である。こんな偶然はあり得ない。

そういう意味で、日本国憲法は東京裁判に象徴的に組み込まれた〈東京裁判憲法〉と言ってもいい。

　東京裁判は、起訴された日本の指導者二八名からA項の戦犯――A級戦犯という言い方が一般的だが不正確な訳だ。「Class A」はA項と訳すのが適切だ――として二五名が有罪、そのうち七名が絞首刑という判決で、二年以上の時間を費やし昭和二三（一九四八）年一一月一二日に結審した。七名の絞首刑は約ひと月半後の一二月二三日に執行された。当時多感な一五歳だった皇太子殿下（今上上皇陛下）の誕生日である。

　GHQはこのように皇室と日本人の心を決してあからさまでなく、隠微に、意図的に可視化して、じわじわと真綿で首を絞めつけるような圧力で呪縛しながら、ソフトな恐怖で占領政策を進めた。例えば、あらゆるメディアの事前検閲と、驚くことに皇族をも含めた全国民の私信、電報までを検閲する苛烈な情報統制と情報操作の下で日本人の心を縛りつけていった。

　GHQは新聞・雑誌などのメディアの事前検閲制度を発表する前に、朝日新聞、同盟通信（共同通信、時事通信の前身）の報道を許さず、それぞれ発行停止、配信停止の処分を一度行った。牽制《けんせい》である。

そして、GHQは日本の軍部による検閲はすべて廃止され、日本に報道の自由がもたらされたと宣伝しながら、昭和二〇（一九四五）年九月から全国のメディア、出版物、映画などおよそすべてのコンテンツの事前検閲制度を開始した。実に巧みである。

また、NHKラジオによる『眞相箱』『眞相はかうだ』という番組で、連合軍、つまりアメリカのプロパガンダ放送を開始した。真珠湾攻撃の日に合わせ、翌日の昭和二〇（一九四五）年一二月九日からNHKは『眞相はかうだ』という大東亜戦争の真実を伝えるという番組を開始した。ところが実際はGHQの脚本により制作された番組だったので、あまりにも内容が偏っていた。リスナーのすべてが戦争を戦ったばかりの日本人だったのだ。そのため「内容がおかしい」という批判が殺到し、この番組は中止され、しばらく後になって『眞相箱』という新番組が登場する。

ただ、勿論、番組制作の仕組みは『眞相はかうだ』と同じだった。疑いを向けられないようなソフトな語り口に注意深く変更されただけだ。また、「太平洋戦争」という言葉を使おうと、日本政府が閣議決定した正式な「大東亜戦争」という名称の使用をすべてのメディア、出版物で禁止した。それは、日本人が何のために戦ったのかを隠すためだ。日本人が対米英戦争を戦った〈大義〉を隠すためだ。なぜなら、日本人は決して太平洋戦争を戦ったのではなく、大東亜戦争を戦ったからである。

さらにGHQは、全国に流通する書籍から七〇〇〇冊以上を選び、没収していった。洋の東西を問わず、古代から専制者がしばしば行ってきた手っ取り早い乱暴な言論弾圧で、第二次世界大戦でもナチス・ドイツが行った、野蛮な〈焚書《ふんしょ》〉をGHQも行った。敗戦により、GHQが言論の自由を日本にもたらしたというのは表の顔のフィクションに過ぎず、裏では隠然と言論統制、検閲、焚書が占領中行われていたのである。

本書で繰り返し言及したのは、ロシアによるウクライナへの軍事侵攻で日本人の意識が大きく変化したことだ。二〇二二（令和四）年の憲法記念日に合わせて実施された各メディアの世論調査では、日本の防衛費増額に多くが賛成している。安倍元総理が日本の核シェアリングに言及した際も、その後の各世論調査でおよそ七〇パーセントが日本の核共有について議論することに賛成している。安全保障や軍事についてこれまで関心がなく、知識もそれほど多くない人も含めての回答でそのような結果になったのである。

だが、それでも問題はある。日本人の心のひだにこの七七年間で、まるで黴《かび》のようにこびり付いた〈軍事〉〈軍隊〉へのアレルギーは残り、それが病となって憑《と》りついたままなのである。

「軍事費」と言えなくて「防衛費」、「敵基地攻撃能力」を「反撃能力」と言い換える。言い換えないと所謂《いわゆる》九条護憲派から猛反発を喰らい、不必要な騒ぎになるので、政治家もメディアも言葉を弄《もてあそ》ぶ。改憲派も護憲派もお互いに誤魔化して安心しようとする。何のための安心かといえば、「戦争と平和」の本質を見ないで七〇年以上続けてきた誤魔化しの領域に引きこもることから得られる安心だ。所謂「駝鳥《だちょう》の平和」である。対立する改憲派と護憲派が同じことをやって現実逃避をする。

核シェアについても同じである。メディアは「核シェアについて議論をする」という項目を世論調査で掲げるが、「核保有について議論をする」という最も重要な本質を俎《そ》上《じょう》に載せることを避けるのだ。そんな臆病さを、今やメディア情報の受け手である多くの一般国民が気づいてしまっているのだ。いい加減にそんな状況では日本がこれまでのように生存を続けられるのかと、疑問を持つ人が増えている。政治家とメディアが最も遅れた存在なのである。

そんな状況を象徴する朝日新聞の紙面があった。二〇二二（令和四）年四月一五日のオピニオン面に載った、非常に注目される記事だ。《戦うべきか、否か》という特集に篠田英朗（国際政治学者）、山本昭宏（歴史社会学者）、想田和弘（映画監督）の三人が取材に応じてコメントを寄せている。興味深かったのは、この特集を載せることで朝日新聞がいよいよ自死に近づいていることが確かになったからだ。

拙著『朝日新聞への論理的弔辞』（令和二年、ワニ・プラス）ですでに弔辞をしたためていたが、もしかすると改めて書かなければならないのかもしれない。この紙面で朝日が問うているのは、戦争になったときに《戦うべきか、否か》というテーマだ。それをウクライナ戦争を引き合いにして提示している。

かつて大新聞と呼ばれ、岩波書店とともに戦後民主主義を領導した朝日新聞だが、本当に同じ新聞社の紙面なのかと疑いが晴れず、何度も題字を確認した。執筆に応じた篠田英朗は生真面目に自分の専門領域から誠実な返答を寄せているので誠に申し訳ないのだが、特集全体を見ると、まるで小学校の学級壁新聞が扱うようなテーマであることがわかってしまう。

敵が攻めてきたぞ……。さぁ、どう戦えばいいのか、ということを論じるのでなく、戦うのか、それとも怖いから逃げるのか、という特集だ。朝日新聞の現在の読者に合わせた内容なのだろう。まさか、啓蒙《けいもう》の意図でこんな特集を組んだわけではないだろう。

またBSフジの『プライムニュース』のウクライナ戦争特集に登場した、かつて一九八〇年代に一世を風靡《ふうび》したポスト・モダンの語り手だった浅田彰は、ポスト・モダニストでなく自己の生命に至上の価値を置くモダニストとしての本性が露わになって失墜していった……。その浅田彰と同じことを朝日はリフレインした。

五月三日の憲法記念日の特集である。一面で自らの世論調査を《改憲「必要」56％》という見出しで二番目に報じているのだが、一面トップには《改憲議論の陰 遠のく生存権 食料配布に100メートルの列 コロナ禍の2年で倍》という見出しが躍っている。つまり、見出しによる印象操作で改憲＝悪を訴求した。

先ほど《かつて大新聞と呼ばれ、岩波書店とともに戦後民主主義を領導した朝日新聞》と書いたのだが、つまり朝日新聞が担おうとしてきた〈戦後民主主義〉が大いなる錯誤であり、〈九条という病〉を生む病巣だったのである。日本人が自らの手で、朝日新聞とは異なった次元で、歴史を取り戻しながら、民主主義をも取り戻し、蘇生《そせい》させ、さらにバージョンアップさせようとしているのが現在の日本ではないだろうか？

なぜなら、敗戦後の七七年にわたり、政治、社会の重要な転換期において、日本人は朝日新聞の社論に沿った方向へ、一歩たりとも歩んでこなかったからだ。

五月四日、ロシア外務省は日本の政治家、メディア関係者、学者ら六三名に入国制限の制裁を科した。メディアでは読売新聞、産経新聞、日本経済新聞の幹部は入っているが、朝日新聞、毎日新聞の者はリストにない。朝日新聞はこの記事や過去七〇年以上の社論によって、ロシア側のメディアだと思われているのだろう。

今の日本人の癒やしがたい大きな病の本質は軍隊や軍事的なものへの不必要な忌避感にあるが、それがそのまま〈九条という病〉の根幹を成している。五月三日夜にＴＢＳ

系のJNNが放送した《ウクライナ危機で強まる「専守防衛」見直し論…自民党ハト派の重鎮が危機感》という報道で、自民党元幹事長の古賀誠氏は日本の周辺国が力を振りかざす今こそ、憲法九条の理想を追求すべきだと考えていると言い、こう続けた。

《平和憲法があることは大きな力であるし、先人が残した決意と覚悟なんです。もっと言えば理想なんです。その理想を実現するために外交を使ったり、経済使ったり。だから理想であることは間違いないですよと、九条は。だけど政治ってそもそも理想を実現するためにあるんじゃない。》

また、自民党の福田達夫総務会長はこう述べた。

《長年、日本が守ってきた「専守防衛」を見直すべきとの意見が出たのです。そもそも「専守防衛」とは、戦力の不保持などを謳った憲法九条に基づくものです。日本からの先制攻撃は原則禁止。相手から武力攻撃を受けたときに初めて防衛力を行使でき

ます。しかも、自衛のための必要最小限に限られます。》

これらの発言は怪しい新興宗教の信者が吐露する信仰告白のようなものであり、現実の世界情勢、安全保障、地政学的な常識とは全く関わりのない危険な思考である。専守防衛というまやかしは、まさに福田氏が述べたように「憲法九条に基づくもの」だから危険なのである。ロシアに蹂躙《じゅうりん》されるウクライナの悲劇こそ典型的な専守防衛の一つの姿だ。

前述した朝日新聞の四月一五日の特集に登場する侵略されても戦わない派の人物は、本心を述べていたのなら、ザッヘル・マゾッホの信仰告白に通じるものがある。マゾヒストの究極の願望は快楽殺人の被害者になることだからだ。

三島由紀夫は昭和四三（一九六八）年に「中央公論」七月号に発表した「文化防衛論」の冒頭でこう述べている。当時高校二年生だった私は一読して衝撃に打たれた記憶が今でも鮮明だ。

《私はテレヴィジョンでごく若い人たちと話した際、非武装平和を主張するその一人が、日本は非武装平和に徹して、侵入する外敵に対しては一切抵抗せずに皆殺しにされてもよく、それによって世界史に平和憲法の理想が生かされればよいと主張するのをきいて、これがそのまま、戦時中の一億玉砕思想に直結することに興味を抱いた。

一億玉砕思想は、目に見えぬ文化、国の魂、その精神的価値を守るためなら、保持者自身が全滅し、又、目に見える文化のすべてが破壊されてもよい、という思想である。戦時中の現象は、あたかも陰画と陽画のように、戦後思想へ伝承されている。》

三島由紀夫は死の二年前、今から五四年も前に、二〇二二年のウクライナ戦争後の我が国の拙劣なジャーナリズムの混乱をすでに予見していたかのようだ。この混乱の理由も九条という究極のマゾヒズムを占領軍が憲法の条文に書いていることにある。究極のマゾヒズムとは観念のなかでしか成立しない原理である。〈空想的平和主義〉、あるいは〈贋《にせ》の平和主義〉と重なっている。繰り返すが、平和とは戦争のない状態のことである。空想的平和主義こそが戦争をもたらす病なのだ。平和を守るのでなく、守った結果が平和になる。

今から二〇年前、ワールドカップ日韓大会が開催される少し前に、米誌『TIME』アジア版四月二二日号に「アジアの英雄」という特集が掲載された。アジアから二五名のヒーローを選出、アフガニスタン暫定政権（当時）を率いるカルザイ議長（元大統領）やミャンマー（ビルマ）の民主化運動指導者アウン・サン・スー・チー氏らが選ばれたのだが、日本からはイチロー選手と中田英寿選手の二人しか選出されなかった。そこで私が注目したのは、二人という日本人の数よりもスポーツ選手しか選ばれていないという事実だった。

日本はもはや、スポーツやアニメ以外の分野で、とくに政治や経済の世界で「アジアのヒーロー」を生むことさえできないと見なされていたのだ。日本の部分の見出しは、「Real Men in a Gelded Land」と題されていた。「去勢された国の本物の男たち」という意味であり、交戦権を否定する九条を改正することさえできない日本人を表していたのだ。記事は「海外のスポーツ界で大活躍する鈴木一朗と中田英寿が萎えた日本の自尊心に魂を吹き込む」というリードに続いていた。

現実を見よう。海上自衛隊に海賊対策でのソマリア沖派遣が決まったとき、防衛記者クラブに詰めていた記者の間で「過剰防衛で最初に起訴されるのは誰か」という話でもち切りになったという話を聞き及んだ。自衛官の生命や日本の国益を守ることとは正反対な、どの自衛官が血祭りにあげられるかということが話題になったのだ。九条の矛盾を報道で訴えるという方向には行かず、反日テロリストのような戯言《ざれごと》で終始したのだ。

この矛盾の根幹は、九条が強いるポジティブリストとネガティブリストの問題だ。連合国（国連）加盟一九三ヶ国中で、主権国家の軍事力がポジティブリスト、即ち「これだけはしてもいい」というリストで規定されているのは日本だけだ。敵国はリストに載っていないことを日本に仕掛ければいいので、こんな簡単な戦争はない。すでに、仕掛けられているではないか。

「捕虜を撃ってはいけない」などのネガティブリスト、即ち「これだけはしてはいけない」というリストに替えれば、「これ以外は国家国民を守るためにすべてやりなさい」というリストになる。

つまり、国際法の禁止事項以外の行動をすべて可能にしない限り、自衛隊は動けないのである。九条改正こそが自衛隊法の改正を可能にし、軍法会議の設置も可能になり、前述した防衛記者クラブの呆れた戯言も粉砕できるのである。

日本が主権回復した翌年、昭和二八（一九五三）年にアイゼンハワー大統領の副大統領だったニクソンが初来日した。ニクソンは日米協会でスピーチを行ったが、その歴史的演説が振り返られることはない。歴史の闇のなかにアメリカ軍の占領体制を継続させようという勢力が押し込めてしまったからだ。

《もし、一九四六年に戦力を持つことを禁じた憲法を、日本に与えて、日本の武装解除が正しいのであれば、日本が独立を回復した一九五三年になぜ正しくないのか。（中略）アメリカは一九四六年に間違いを犯したことを認める、と私はここで申し上げる。我々が誤った理由は、ソ連の指導者たちの意図を読み違えたからだった。日本をはじめとする諸国は、再び軍備の責任を共有しなければならない。》

このニクソンの言葉は、ニクソン記念館に資料として保存されている。ニクソン副大統領が、公共の場、日米協会のスピーチで、占領憲法を書いたことを公式に謝罪していたのである。この六三年後の二〇一六年に、オバマ政権のバイデン副大統領はヒラリー民主党大統領候補の応援演説でこう言った。第五章で述べたが繰り返す。

《トランプは、核戦争がまるでささいなことであるかのように、他の国々に核兵器の開発を促している。我々は、日本が独自の核保有をできなくするように日本の憲法を書いたのを、彼は認識していないのか？　学校に行ったことがあるのか？》

ニクソンとバイデン、この二人の発言を比較すると、共和党と民主党の違いを考慮しても、同じ副大統領でこうも違うのかと驚かざるを得ない。二人の政治家としての力量の差と言えばそれまでだが、米国の知性の退行とも言えるだろう。

もう考えるのは終えよう、すぐに行動を

ここまで様々な側面から日本国憲法第九条のもたらした病巣を考察してきた。

アメリカにとって膨大な戦死者を出してしまった戦争の敵国、日本。たとえ勝利したとしても、彼らの論理のなかでは理解できない十死零生《じゅっしれいしょう》の「特攻」をやった国は、やはり恐怖であったろう。終戦当時は「こいつらは、またいつ拳を上げるかわかったものじゃない」と思っていたに違いない。

だからこそ、国の根本である「独立」を事実上認めない九条を〈強要〉したのだ。そのうえ文化人類学的な研究を重ね、日本人は歴史的に〈お上〉の言うことを聞き入れることを知り、それも利用した。お上に近いところにいた優秀で常識のある者――アメリカの占領政策の真意を理解し、それに対して声を上げるような者――は悉《ことごと》く公職追放で遠ざけ、学校では〈赤い〉教師たちが純真無垢《じゅんしんむく》な子供たちに、父祖を否定することを数多《あまた》吹き込んだ。さらにマスメディアには検閲を徹底し、国民が先の戦争とその指導者を完全否定するように導いた。

アメリカの占領政策は見事に意図通りに進み、戦後七七年が経っても未だに効いている。しかしながら、今回のウクライナの惨状とアメリカの危うさを目の当たりにし、国民の多くが、祖国が丸腰国家で、そのうえ防衛体制もほとんどなされていないことに気がつきはじめている。今こそ、日本の宿痾《しゅくあ》、日本国憲法第九条を改めるチャンスだ。声を上げ、世論を、そして政治を動かそうではないか。

平成二八（二〇一六）年六月中旬に沖縄県尖閣諸島周辺の東シナ海上空で、スクランブル発信した航空自衛隊のF－15戦闘機が、中国空軍の戦闘機に戦闘態勢をとられることがあった。自衛隊機は、ミサイル発射の照準となるレーダーを当てられたが、幸い、わが空軍（空自）の果敢で優秀なパイロットが敵機ミサイルレーダーを攪乱《かくらん》するフレアーを発射し、難を逃れた。九条に規定される自衛隊法では、領空侵犯する敵機から攻撃されなければ、攻撃することができない。正当防衛しか許されていないからだ。つまり、自衛官は絶えず死と隣り合わせにいる。

そんな危険と脆弱性を防ぎ、そもそも敵国に領空侵犯、領海侵犯を許さないようにするのは、実は、非常に簡単である、九条二項をこう変えるだけでいい。

《前項の目的を果たすため、我が国は国防軍（あるいは国軍）を保持する。》

これだけで当面は充分だ。まず、この部分だけを真っ先に改正する、と国会や国民が広範囲に議論すれば、常識的に考えて万人に理解され、小学生でも理解できるだろう。

本書の執筆を思い立ったのは、ウクライナ戦争勃発後に、相変わらず日本の状況がまるで奥歯にものが挟まったような状態で、少しも前へ動かなかったからだ。苛立ったのは私だけではないはずだ。執筆にあたって、ワニ・プラスの佐藤俊彦氏に本当にお世話になった。一人でも多くの読者に本書が届けられればと願っている。

令和四（二〇二二）年五月吉日

西村幸祐

十七条憲法

推古一二（六〇四）年

十七条憲法（読み下し文）

第一条

一に曰《いわ》く、和を以《も》って貴《とうと》しとなし、忤《さから》うこと無きを宗《むね》とせよ。人みな党《たむら》あり、また達《さと》れるもの少なし。ここをもって、あるいは君父《くんぷ》に順《したが》わず、また隣里《りんり》に違《たが》う。しかれども、上和《かみやわら》ぎ下睦《しもむつ》びて、事を論《あげつら》うに諧《かな》うときは、すなわち事理《じり》おのずから通ず。何事か成らざらん。

第二条

二に曰く、篤《あつ》く三宝《さんぼう》を敬え。三宝とは仏・法・僧なり、則《すなわ》ち四生《ししょう》の終帰《しゅうき》、万国の極宗《ごくしゅう》なり。何《いず》れの世、何れの人かこの法を貴ばざる。人、尤《はなは》だ悪《あ》しきもの鮮《すくな》し、能《よ》く教うれば従う。それ三

十七条憲法（現代語訳）

第一条

一に言う。「和」を最も大切なものとし、争うことなくものごとに当たれ。人は皆群れをつくりたがるが、人格者は少ない。だから、主君や目上の者に従わなかったり、近隣の人ともうまくいかなかったりする。しかし、上の者が和やかで下の者も素直ならば、議論で対立することがあっても、おのずから道理にかない調和する。そうなれば、何事も成就《じょうじゅ》するものである。

第二条

二に言う。心から「三宝」を敬え。三宝とは「仏」「法理」「僧侶」である。生きとし生けるものが最後に帰依《きえ》するところは、どこの国でも

宝に帰せずんば、何をもってか枉《まが》れるを直《ただ》さん。

第三条

三に曰く、詔《みことのり》を承《う》けては必ず謹《つつし》め。君をば則《すなわ》ち天とし、臣《しん》をば則ち地とす。天覆《おお》い地載せて四《し》時《じ》順行し、万気《ばんき》通うことを得《う》。地、天を覆わんと欲するときは、則ち壊《やぶ》るることを致さむのみ。ここをもって、君言《のたま》えば臣承《うけたまわ》り、上行えば下靡《なび》く。ゆえに、詔を承けては必ず慎め。謹まずんば自《おの》ずから敗れん。

第四条

四に曰く、群卿百寮《ぐんけいひゃくりょう》、礼を以《もっ》て本《もと》と為《せ》よ。其《そ》れ民を治むるの本は、要《かなら》ず礼に在り。上礼《かみれい》あらざれば、下斉《しもととの》わず、下礼《しもれい》なければ、必ず罪あり。是《ここ》を以て、群臣礼《ぐんしんれい》あるときは位次《いじ》乱れず、百姓《ひゃくせい》礼《れい》あれば、国家自《おのずか》ら治《おさ》まる。

拠るべき教え（宗教）である。どの時代でも、どんな人でもその教えを尊ばなければならない。人間に悪い者は少ないから、きちんと教えれば従う。三宝に帰依しないで、何によって曲がった心を正せようか。

第三条

三に言う。天皇の令を受けたならば必ず謹んでそれに従え。君主は天なり。臣下は地なり。天が地を覆うことで、四季が順調に経過し、万物の気がゆきわたる。地が天を覆うことを望めば、秩序が壊れるだけである。それで君主の言葉に臣下は従う。天子が道理を行えば臣下はそれにならう。だから、天皇の令を受けたならば、謹んでそれに従え。謹んで従わなければ、自ら滅んでしまうだろう。

第五条

五に曰く、饕《むさぼり》を絶ち、欲を棄《す》てて、明らかに訴《うっ》訟《たえ》を弁《わきま》えよ。それ百姓の訟《うったえ》、一日に千事《せんじ》あり。一日すら尚爾《なおしか》り、況《いわ》んや歳《とし》を累《かさ》ぬるをや。頃《このごろ》、訟を治むる者、利を得るを常となし、賄《まいない》を見てことわりを聴く。便《すなわ》ち財あるものの訟は、石を水に投ぐるが如《ごと》く、乏しき者の訴は、水を石に投ぐるに似たり。ここを以て、貧しき民《たみ》は則ち由《よ》る所を知らず。臣の道またここに闕《か》く。

第六条

六に曰く、悪を懲《こら》し善を勧《すす》むるは、古《いにしえ》の良典《よきのり》なり。ここをもって、人の善を匿《かく》すことなく、悪を見ては必ず匡《ただ》せ。それ諂《へつら》い詐《あざむ》く者は、則ち国家を覆《くつがえ》す利器《りき》たり、人民を絶《た》つ鋒剣《ほうけん》たり。また佞《かだま》しく媚《こ》ぶる者は、上《かみ》に対しては則ち好《この》みて下《しも》の過《あやまち》を説き、下に逢《あ》いては則ち上の失《あやまち》を誹謗《そし》る。

第四条

四に言う。政府高官や一般役人は、「礼」を基本とせよ。民を治める根本は、必ず「礼」にある。上に立つ者に「礼」がないときは秩序が乱れ、下の者に「礼」がないときは必ず罪を犯す者が出てくる。だから、群臣たちに「礼」があるときは秩序も乱れず、庶民たちに「礼」があれば国は自然に治まる。

第五条

五に言う。役人たちは饗応《きょうおう》や財物への欲を捨て、訴訟《そしょう》をきちんと審査せよ。庶民の訴えは一日に千件もある。一日でそうなら、年月を重ねたらどうなるか。昨今、訴訟にたずさわる者は、賄《わい》賂《ろ》が当たり前となり、賄賂を受けてから申し立てを聞いている。財力ある者の訴えは石を水中に投げ込むように簡単に取り上げられるが、貧しい者の訴えは水を石に投げ込むように聞き入それかくの如《ごと》きの人は、みな君《きみ》に忠なく、民《たみ》に仁《じん》なし。これ大乱《たいらん》の本《もと》なり。

第七条

七に曰く、人には各任《おのおのにん》あり。掌《つかさど》ること宜《よろ》しく濫《みだ》れざるべし。其《そ》れ賢哲官《けんてつかん》に任ずれば、頌音《ほむるこえ》則ち起《おこ》り、奸者官《かんじゃかん》を有《たも》つときは、禍乱《からん》則ち繁《しげ》し。世に生れながら知るもの少なし、剋《よ》く念《おも》うて聖と作《な》る。事《こと》大少となく、人を得れば必ず治まり、時《とき》に急緩《きゅうかん》となく、賢に遇えば、自ずから寛《ゆるやか》なり。此《こ》れに因《よ》って国家永久にして、社稷危《しゃしょくあやう》きことなし。故《ゆえ》に古《いにしえ》の聖王《せいおう》は、官のために人を求め、人のために官を求めず。

第八条

八に曰く、群卿百寮《ぐんけいひゃくりょう》、早く朝《まい》り晏《おそ》く退《さが》れよ。公事はいとまなし、終日《ひねもす》にても尽《つく》しがたし。是《これ》を

れてもらえない。このため、貧しい者はどうしていいかわからずにいる。このようなことは、役人の道にそむくことである。

第六条

六に言う。悪を懲《こ》らしめ、善をすすめるのは、古くからの良いしきたりである。だから、人の良い行《おこな》いは隠さず、悪事を見たら必ず正せ。へつらい欺《あざむ》く者は、国を覆《くつがえ》すほどの武器であり、民を滅ぼす鋭い剣である。また、心がねじけ、媚《こ》びる者は上には好んで下の者の過失を言いつけ、下に向かうと上の者の過失を誹謗《ひぼう》する。これらの者たちは、君主に忠義心がなく、民に対する仁徳も持っていない。これらが国の大きな乱れのもとである。

第七条

七に言う。人にはそれぞれの任務がある。職務

以て、遅く朝《まい》れば急に逮《およ》ばず。早く退れば必ず事尽さず。

第九条

九に曰く、信はこれ義《ぎ》の本《もと》なり。事毎《ことごと》に信あれ。それ善悪成敗《ぜんあくせいばい》は要《かなら》ず信にあり。群臣《ぐんしん》ともに信あるときは、何事か成らざらん。群臣信なきときは、万事悉《ことごと》く敗れん。

第十条

十に曰く、忿《いかり》を絶《た》ち瞋《いかり》を棄《す》て、人の違《たが》うを怒《いか》らざれ。人皆《みな》心あり、心各執《と》るところあり。彼是《かれぜ》とすれば則ち我は非《ひ》とし、我是とすれば則ち彼は非とす。我必ずしも聖に非《あら》ず、彼必ずしも愚に非ず、共に是れ凡夫《ぼんぶ》のみ。是非の理《ことわり》、なんぞよく定むべき。相共に賢愚《けんぐ》なること、鐶《みみがね》の端《はし》なきが如《ごと》し。是《ここ》を以《もっ》て、彼《か》の人瞋《いか》ると雖《いえど》も、かえ

を忠実に実行し、権限を乱用してはならない。賢い者が任にあるときは称《たた》える声が起こる。しかし、悪い者がその任につけば、災いや戦乱が充満する。世に、生まれながら何でも知っている者は少ない。よくよく心がけて、聖人となる。事の大小にかかわらず、適任の人を得られれば必ず治まる。時代の変化にかかわらず、賢人が出れば、自ずと豊かになる。このことによって、国は長く保ち、危険に陥らない。だから、古《いにしえ》の聖王は官職に適した人を求め、人のために新しい官職を設けない。

第八条

八に言う。役人たちは、朝早くから出勤し、遅くに退出せよ。公務には暇《いとま》がない、一日中務めても、すべて終えてしまうことは難しい。このため、朝遅く出勤すれば緊急の用に間に合わず、早く退出すれば必ず仕事を残す。

って我が失《あやまち》を恐れよ。我独《ひと》り得たりと雖《いえど》も、衆に従って同じく挙《おこな》え。

第十一条
十一に曰く、功過《こうか》を明らかに察して、賞罰《しょうばつ》必ず当てよ。このごろ、賞は功においてせず、罰は罪においてせず。事を執《と》る群卿《ぐんけい》、よろしく賞罰を明らかにすべし。

第十二条
十二に曰く、国司《こくし》、国造《こくぞう》、百姓《ひゃくせい》に斂《おさ》めとることなかれ。国に二君《にくん》なく、民に両主なし。率土《そっと》の兆民《ちょうみん》は、王をもって主となす。任ずる所の官司《つかさ》は皆是れ王の臣なり。何ぞ敢えて公《おおやけ》とともに百姓に賦斂《ふれん》せん。

第九条
九に言う。「信」は人の道の根本である。何事にも「信」がなければいけない。善悪や成否は、すべて「信」のあるなしにかかっている。役人に「信」があるならば、どんなことも達成できるだろう。役人に「信」がないなら、どんなことも失敗するだろう。

第十条
十に言う。心の怒りをなくし、怒りを表に出さず、他人が自分と違っても怒ってはならない。人それぞれに心があり、それぞれに自分だけの思いがある。相手が良いとしても自分は良くないとし、自分が良いとしても相手は良くないとする。必ずしも自分は聖人で、相手が愚かだというわけではない。皆、ともに凡人なのだ。良いとか良くないとか、だれが決めるのか。互い

第十三条

十三に曰く、諸《もろもろ》の官に任ずる者は同じく職掌《しょくしょう》を知れ。或《あるい》は病《や》み、或は使《つかい》して、事を闕《か》くことあらん。然《しか》れども、知ること得るの日には、和すること曾《かつ》て識《し》れるが如《ごと》くせよ。それあずかり聞くことなしというを以て、公務を妨《さまた》（防）ぐることなかれ。

第十四条

十四に曰く、群臣百寮、嫉《ね》み妬《しっと》あることなかれ。我すでに人を嫉《ねた》めば、人また我を嫉む。嫉妬の患《わずらい》その極《きわみ》を知らず。所以《ゆえ》に、智《ち》己《おのれ》に勝《まさ》るときは則ち悦《よろこ》ばず、才おのれに優《すぐ》るるときは則ち嫉み妬《そね》む。是を以て、五百歳《いおとせ》の後、いまし、賢《けん》に遇《あ》うとも、千載《せんざい》にしてもって一聖《いっせい》を待つこと難《かた》し。其れ賢聖《けんせい》を得ずんば、何を以てか国を治めん。

に賢くもあり愚かでもあり、それは耳輪には端がないようなものである。相手が憤っていたら、むしろ自分に間違いがあるのではないかと恐れよ。自分がこうだと思っても、人々の意見を聞き、一緒に行動せよ。

第十一条

十一に言う。功績や過失をきちんと判断し、賞罰を必ず行え。この頃、賞は功によらず、罰は罪によらない。政務にあたる役人たちは、賞罰を適正、明確に行え。

第十二条

十二に言う。国司・国造は民から税をとってはならない。国に二人の君主はなく、民に二人の君主はいない。国民にとって、天皇が君主である。任命された役人は皆、天皇の臣下である。どうして正規の徴税以外に、徴税することが許

第十五条

十五に曰く、私《わたくし》に背《そむ》きて公に向《むか》うは、是れ臣の道なり。凡《およ》そ人、私あれば必ず恨《うらみ》あり、憾《うらみ》あれば必ず同《どう》ぜず。同ぜざれば則ち私をもって公を妨《さまた》ぐ。憾《うらみ》起こるときは則ち制《せい》に違い法を害《そこな》う。故に、初章《しょしょう》に云《い》わく、上下《じょうげ》和諧《わかい》せよ。それまた是《こ》の情《こころ》なるか。

第十六条

十六に曰く、民を使うに時を以てするは、古《いにしえ》の良典《よきのり》なり。故に、冬の月には間《いとま》あり、もって民を使うべし。春より秋に至るまでは、農桑《のうそう》の節《とき》なり。民を使うべからず。それ農《たつく》らざれば何をか食《くら》い、桑《こがい》せずば何をか服《き》ん。

第十七条

十七に曰く、それ事は独《ひと》り断《さだ》むべからず。必ず

されようか。

第十三条

十三に言う。国家の官職に任命された者は、職務内容をきちんと理解せよ。病気や出張などで自分の仕事ができないこともあるだろう。しかし、職務についたときには、前々より熟知していたかのようにせよ。「自分は知らない」などと言って公務を停滞させてはならない。

第十四条

十四に言う。役人たちは、嫉妬の気持ちを持ってはならない。自分が人に嫉妬すれば、人もまた自分に嫉妬するものだ。嫉妬の憂《うれ》いは果てしない。だから、自分より英知が優れていると喜べず、才能が勝っていると思えば嫉妬する。それでは、五百年たっても賢者に会うことはできず、一千年の間に一人の聖人を期待することも

衆《しゅう》とともに宜しく論ずべし。少事《しょうじ》は是れ軽《かろ》し。必ずしも衆とすべからず。ただ大事《だいじ》を論ずるに逮《およ》びては、もしは失《あやまち》あらんことを疑う。故に、衆とともに相弁《あいわきま》うるときは、辞《ことば》すなわち理《ことわり》を得ん。

できない。聖人・賢者を得なければ、国を治めることはできない。

第十五条

十五に言う。私心を捨て公務に専念することが役人たるものの道である。およそ人に私心があると恨みの心が起きる。恨みがあれば、必ず不和が生じる。不和になれば、私心で公務を執ってしまう。恨みの心が起きると、制度や法律をやぶる。だから、第一条で「上下問わず、互いに思いやり、調和するように」と言ったのは、こういう心情からである。

第十六条

十六に言う。民を使役するには時期をよく考えてする、とは古《いにしえ》の良い教えである。冬に暇があるときに、民を動員すればよい。春から秋までは、農作や養蚕の時期である。民を使役してはならない。農作をしなければ、何を食べればいいのか。養蚕をしなければ、何を着ればいいのか。

第十七条

十七に言う。ものごとは一人で判断してはならない。必ず皆で論議して判断せよ。小事は、必ずしも皆で論議しなくてもよい。ただし、大事の場合、独断では判断を誤ると疑え。そのようなとき、皆で検討すれば、道理にかなう結論が得られるだろう。

＊ルビは著者による

大日本帝国憲法

明治二二（一八八九）年二月一一日公布
明治二三（一八九〇）年一一月二九日施行

大日本帝国憲法

告文

皇朕レ謹ミ畏ミ
皇祖
皇宗ノ神霊ニ誥ケ白サク皇朕レ天壌無窮ノ宏謨ニ循ヒ惟神ノ宝祚ヲ承継シ旧図ヲ保持シテ敢テ失墜スルコト無シ顧ミルニ世局ノ進運ニ膺リ人文ノ発達ニ随ヒ宜ク
皇祖皇宗ノ遺訓ヲ明徴ニシ典憲ヲ成立シ条章ヲ昭示シ内ハ以テ子孫ノ率由スル所ト為シ外ハ以テ臣民翼賛ノ道ヲ広メ永遠ニ遵行セシメ益々国家ノ丕基ヲ鞏固ニシ八洲民生ノ慶福ヲ増進スヘシ茲ニ皇室典範及憲法ヲ制定ス惟フニ此レ皆
皇祖皇宗ノ後裔ニ貽シタマヘル統治ノ洪範ヲ紹

大日本帝国憲法

告文

皇室の先祖の霊を受け継ぎ、私は初代神武天皇と歴代天皇の尊い霊の前に謹み畏まって誓う。私は、永遠に続く広大な計画に従い、先祖より皇位を継承し、我が国の伝統を保持し、失墜することがないようにし、我が国の歴史をかえりみ、世の中の進歩や流れによる人道や科学の発達に従い、よく先祖の遺訓を明らかにし、皇室典範と帝国憲法を制定し、その章と条文でわかりやすく示し、我が皇室では私の子孫が従うよりどころとし、我が国の臣民には皆が従うべき道を広めて永遠に守り、ますます国家の基礎を強固にし、日本国の民の幸福を増進する。

そのため、ここに皇室典範および帝国憲法を制述スルニ外ナラス而シテ朕カ躬ニ逮テ時ト倶ニ挙行スルコトヲ得ルハ洵ニ皇祖皇宗及我カ皇考ノ威霊ニ倚藉スルニ由ラサルハ無シ皇朕レ仰テ皇祖皇宗及皇考ノ神祐ヲ祷リ併セテ朕カ現在及将来ニ臣民ニ率先シ此ノ憲章ヲ履行シテ愆ラサラムコトヲ誓フ庶幾クハ神霊此レヲ鑒ミタマヘ

第一章　天皇

第一条
大日本帝国ハ万世一系ノ天皇之ヲ統治ス

第二条
皇位ハ皇室典範ノ定ムル所ニ依リ皇男子孫之ヲ継承ス

定する。深く考えるに、これは皆先祖が私たち子孫に遺し給われた統治の規範を詳述したものに他ならない。

そうして、私自身の番となり、このような形で執り行うことができるようになったことは、本当に先祖および父上のご威光に頼ってきたおかげである。

私は仰いで先祖および父上の神がかった力の助けを祈願し、あわせて私の現在、および未来の臣民に率先してこの憲章を実行してこれを誤ることのないようにすることを誓う。

願わくば、皇室を守られてきた神々よ、先祖よ、私を見守りたまえ。

第一章　天皇

第一条
大日本帝国は、一度も途切れることなく続いてきて今後も途切れることがない皇室を継いでい

第三条
天皇ハ神聖ニシテ侵スヘカラス

第四条
天皇ハ国ノ元首ニシテ統治権ヲ総攬シ此ノ憲法ノ条規ニ依リ之ヲ行フ

第五条
天皇ハ帝国議会ノ協賛ヲ以テ立法権ヲ行フ

第六条
天皇ハ法律ヲ裁可シ其ノ公布及執行ヲ命ス

第七条
天皇ハ帝国議会ヲ召集シ其ノ開会閉会停会及衆議院ノ解散ヲ命ス

る天皇がしらしめす。

第二条
天皇の位は、皇室典範の規定に従って、天皇の男系男子がこれを継承する。

第三条
天皇は神聖であって、侵してはならない。

第四条
天皇は国の元首であって、統治権をすべて持っており、この憲法の条文に従い統治権を行使する。

第五条
天皇は、帝国議会が賛成したとき、立法権を行使できる。

第八条
一　天皇ハ公共ノ安全ヲ保持シ又ハ其ノ災厄ヲ避クル為緊急ノ必要ニ由リ帝国議会閉会ノ場合ニ於テ法律ニ代ルヘキ勅令ヲ発ス
二　此ノ勅令ハ次ノ会期ニ於テ帝国議会ニ提出スヘシ若議会ニ於テ承諾セサルトキハ政府ハ将来ニ向テ其ノ効力ヲ失フコトヲ公布スヘシ

第九条
天皇ハ法律ヲ執行スル為ニ又ハ公共ノ安寧秩序ヲ保持シ及臣民ノ幸福ヲ増進スル為ニ必要ナル命令ヲ発シ又ハ発セシム但シ命令ヲ以テ法律ヲ変更スルコトヲ得ス

第十条
天皇ハ行政各部ノ官制及文武官ノ俸給ヲ定メ及文武官ヲ任免ス但シ此ノ憲法又ハ他ノ法律ニ特

第六条
天皇は法律に署名して判を押し、その公布と執行を命じる。

第七条
天皇はその名前で帝国議会を召集し、開会、閉会、停会、衆議院の解散を命じる。

第八条
一　天皇は公共の安全を保ち、またはその災いを避けるため、緊急の必要があるときに限って、しかも帝国議会が閉会して開けない場合、法律に代わる緊急勅令を発する。
二　緊急勅令は、次の会期で帝国議会に提出しなければならない。もし議会が承諾しないときは、政府は、いったん発した緊急勅令であっても、近い将来にその効力を失うことを公告しなければならず、事実上はその効力はなくなる。

例ヲ掲ケタルモノハ各々其ノ条項ニ依ル

第十一条

天皇ハ陸海軍ヲ統帥ス

第十二条

天皇ハ陸海軍ノ編制及常備兵額ヲ定ム

第十三条

天皇ハ戦ヲ宣シ和ヲ講シ及諸般ノ条約ヲ締結ス

第十四条

一　天皇ハ戒厳ヲ宣告ス

二　戒厳ノ要件及効力ハ法律ヲ以テ之ヲ定ム

第十五条

天皇ハ爵位勲章及其ノ他ノ栄典ヲ授与ス

第九条

天皇は、法律を実行するため、または秩序を守り、国民の幸福を増進するため、必要な命令を発し、あるいは臣下に発させる。ただし、政府だけで出せる命令で、議会で決めた法律を変更することはできない。

第十条

天皇は行政の制度や軍人と官僚の給料を定め、任命したり罷免したりする。ただし、この憲法と法律に特例がある場合はそちらを優先する。

第十一条

天皇は陸海軍の最高指揮権を持つ。

第十二条

天皇は陸海軍の組織と人員・物資・予算の量を定める。

第十六条
天皇ハ大赦特赦減刑及復権ヲ命ス

第十七条
一　摂政ヲ置クハ皇室典範ノ定ムル所ニ依ル
二　摂政ハ天皇ノ名ニ於テ大権ヲ行フ

第二章　臣民権利義務

第十八条
日本臣民タルノ要件ハ法律ノ定ムル所ニ依ル

第十九条
日本臣民ハ法律命令ノ定ムル所ノ資格ニ応シ均ク文武官ニ任セラレ及其ノ他ノ公務ニ就クコトヲ得

第二十条

第十三条
天皇は戦いを宣言し、戦いをやめる約束をし、外国との条約を結ぶ。

第十四条
一　天皇は戒厳状態（軍刑法を一般刑法に優先させる状態）を宣言する。
二　戒厳の条件と効力は、議会が定める法律で決める。

第十五条
天皇は爵位と勲章と栄典を授与する。

第十六条
天皇は大赦・特赦・減刑・復権を命じる。

第十七条
一　天皇の代わりの摂政を置くときは皇室典範

日本臣民ハ法律ノ定ムル所ニ従ヒ兵役ノ義務ヲ有ス

第二十一条
日本臣民ハ法律ノ定ムル所ニ従ヒ納税ノ義務ヲ有ス

第二十二条
日本臣民ハ法律ノ範囲内ニ於テ居住及移転ノ自由ヲ有ス

第二十三条
日本臣民ハ法律ニ依ルニ非スシテ逮捕監禁審問処罰ヲ受クルコトナシ

第二十四条
日本臣民ハ法律ニ定メタル裁判官ノ裁判ヲ受ク

に従う。

二　摂政は天皇の名前で、天皇の大権を代わりに行使し、儀礼を行う。

第二章　臣民権利義務

第十八条
日本国民の条件は法律で決める。

第十九条
日本国民は、法律と命令で定めた資格に応じて官僚や軍人その他の公務員になることができる。

第二十条
日本国民には兵役の義務があり、具体的なことは法律で決める。

第二十一条
日本国民には納税の義務があり、具体的なこと

ルノ権ヲ奪ハルヽコトナシ

第二十五条
日本臣民ハ法律ニ定メタル場合ヲ除ク外其ノ許諾ナクシテ住所ニ侵入セラレ及捜索セラルヽコトナシ

第二十六条
日本臣民ハ法律ニ定メタル場合ヲ除ク外信書ノ秘密ヲ侵サルヽコトナシ

第二十七条
一　日本臣民ハ其ノ所有権ヲ侵サルヽコトナシ
二　公益ノ為必要ナル処分ハ法律ノ定ムル所ニ依ル

第二十八条

は法律で決める。

第二十二条
日本国民には、法律に反しない限り、居住地を移動する自由がある。

第二十三条
日本国民を逮捕・監禁・審問・処罰するときは法律に従わなければならない。

第二十四条
日本国民は、行政権力から独立した裁判官の刑事裁判を受ける権利を奪われることはない。

第二十五条
日本国民は、法律で定めた場合以外では家宅捜査をされない。

日本臣民ハ安寧秩序ヲ妨ケス及臣民タルノ義務ニ背カサル限ニ於テ信教ノ自由ヲ有ス

第二十九条
日本臣民ハ法律ノ範囲内ニ於テ言論著作印行集会及結社ノ自由ヲ有ス

第三十条
日本臣民ハ相当ノ敬礼ヲ守リ別ニ定ムル所ノ規程ニ従ヒ請願ヲ為スコトヲ得

第三十一条
本章ニ掲ケタル条規ハ戦時又ハ国家事変ノ場合ニ於テ天皇大権ノ施行ヲ妨クルコトナシ

第三十二条
本章ニ掲ケタル条規ハ陸海軍ノ法令又ハ紀律ニ

第二十六条
日本国民は、法律に定めた例外を除けば、信書の秘密を侵されない。

第二十七条
一　日本国民は、その財産権を犯されることはない。
二　公益のために必要な場合は、法律によってその財産を取り上げることもある。

第二十八条
日本国民は、人に迷惑をかけない限り、また、当たり前の道徳に背かない限り、心のなかでどんな宗教を信じていても自由である。

第二十九条
日本国民は、法律に反しない限り、言論・著作・印刷などの表現の自由と、集会・結社など

牴触セサルモノニ限リ軍人ニ準行ス

第三章　帝国議会

第三十三条
帝国議会ハ貴族院衆議院ノ両院ヲ以テ成立ス

第三十四条
貴族院ハ貴族院令ノ定ムル所ニ依リ皇族華族及勅任セラレタル議員ヲ以テ組織ス

第三十五条
衆議院ハ選挙法ノ定ムル所ニ依リ公選セラレタル議員ヲ以テ組織ス

第三十六条
何人モ同時ニ両議院ノ議員タルコトヲ得ス

政治活動の自由がある。

第三十条
日本国民は、相応の敬意と礼節を守り、別に定めた規程に従えば、請願を行うことができる。

第三十一条
第二章に掲げた条文は、戦時または国家事変のような有事において天皇大権の施行を妨げるものではない。

第三十二条
第二章の臣民の権利義務に関する規定は、陸海軍の法令や紀律に抵触しないものに限り、軍人に準用する。

第三章　帝国議会

第三十三条

第三十七条
凡テ法律ハ帝国議会ノ協賛ヲ経ルヲ要ス

第三十八条
両議院ハ政府ノ提出スル法律案ヲ議決シ及各々法律案ヲ提出スルコトヲ得

第三十九条
両議院ノ一ニ於テ否決シタル法律案ハ同会期中ニ於テ再ヒ提出スルコトヲ得ス

第四十条
両議院ハ法律又ハ其ノ他ノ事件ニ付各々其ノ意見ヲ政府ニ建議スルコトヲ得但シ其ノ採納ヲ得サルモノハ同会期中ニ於テ再ヒ建議スルコトヲ得ス

帝国議会は貴族院と衆議院の両院で構成される。

第三十四条
貴族院は、貴族院令の規定に従って、皇族・華族・および勅任された議員で組織する。

第三十五条
衆議院は選挙法の定めにより選挙された議員で組織する。

第三十六条
誰も同時に両議院の議員であることはできない。

第三十七条
すべての法律は帝国議会の同意を得なければ成立しない。

第三十八条

第四十一条
帝国議会ハ毎年之ヲ召集ス

第四十二条
帝国議会ハ三箇月ヲ以テ会期トス必要アル場合ニ於テハ勅命ヲ以テ之ヲ延長スルコトアルヘシ

第四十三条
一　臨時緊急ノ必要アル場合ニ於テ常会ノ外臨時会ヲ召集スヘシ
二　臨時会ノ会期ヲ定ムルハ勅命ニ依ル

第四十四条
一　帝国議会ノ開会閉会会期ノ延長及停会ハ両院同時ニ之ヲ行フヘシ
二　衆議院解散ヲ命セラレタルトキハ貴族院ハ同時ニ停会セラルヘシ

両議院は政府の提出する法律案を議決することが仕事であり、それぞれ法律案を提出することができる。

第三十九条
衆議院か貴族院のどちらかが否決した法律案は、その会期の間は再提出できない。

第四十条
貴族院も衆議院も、法律について、またはその他何か事件が起きたときに、院としての意見を政府に建議することができる。ただし、そこで採用されなかったことをもう一度同じ会期内に建議することはできない。

第四十一条
帝国議会は毎年召集する。

第四十五条
衆議院解散ヲ命セラレタルトキハ勅令ヲ以テ新ニ議員ヲ選挙セシメ解散ノ日ヨリ五箇月以内ニ之ヲ召集スヘシ

第四十六条
両議院ハ各々其ノ総議員三分ノ一以上出席スルニ非サレハ議事ヲ開キ議決ヲ為スコトヲ得ス

第四十七条
両議院ノ議事ハ過半数ヲ以テ決ス可否同数ナルトキハ議長ノ決スル所ニ依ル

第四十八条
両議院ノ会議ハ公開ス但シ政府ノ要求又ハ其ノ院ノ決議ニ依リ秘密会ト為スコトヲ得

第四十二条
帝国議会の会期は三ヶ月とする。必要がある場合は勅命で延長することができる。

第四十三条
一　臨時緊急の必要がある場合は、臨時国会を召集しなければならない。
二　臨時国会の会期は勅命で定めるが、責任は内閣が取る。

第四十四条
一　帝国議会の開会・閉会・会期の延長・停会は、両院が同時に行わなければならない。
二　衆議院の解散を命じられたときは、貴族院は同時に停会しなければならない。

第四十五条
衆議院の解散を命じられたときは、勅命を以て

第四十九条
両議院ハ各々天皇ニ上奏スルコトヲ得

第五十条
両議院ハ臣民ヨリ呈出スル請願書ヲ受クルコトヲ得

第五十一条
両議院ハ此ノ憲法及議院法ニ掲クルモノ、外内部ノ整理ニ必要ナル諸規則ヲ定ムルコトヲ得

第五十二条
両議院ノ議員ハ議院ニ於テ発言シタル意見及表決ニ付院外ニ於テ責ヲ負フコトナシ但シ議員自ラ其ノ言論ヲ演説刊行筆記又ハ其ノ他ノ方法ヲ以テ公布シタルトキハ一般ノ法律ニ依リ処分セラルヘシ

新たに議員を選挙させ、解散の日から五ヶ月以内に召集しなければならない。

第四十六条
両議院はそれぞれ総議員の三分の一以上が出席するのでなければ、議事を開き議決することができない。

第四十七条
両議院の議事は過半数で決める。可否同数のときは議長の一票で決める。

第四十八条
両議院の会議は公開する。ただし、政府の要求またはその議院の決議によって秘密会とすることができる。

第四十九条

第五十三条
両議院ノ議員ハ現行犯罪又ハ内乱外患ニ関ル罪ヲ除ク外会期中其ノ院ノ許諾ナクシテ逮捕セラル、コトナシ

第五十四条
国務大臣及政府委員ハ何時タリトモ各議院ニ出席シ及発言スルコトヲ得

第四章　国務大臣及枢密顧問

第五十五条
一　国務各大臣ハ天皇ヲ輔弼シ其ノ責ニ任ス
二　凡テ法律勅令其ノ他国務ニ関ル詔勅ハ国務大臣ノ副署ヲ要ス

第五十六条
枢密顧問ハ枢密院官制ノ定ムル所ニ依リ天皇ノ

両議院はそれぞれ天皇に上奏することができる。

第五十条
両議院は国民から提出される請願書を受けることができる。

第五十一条
両議院は、この憲法と議院法に掲げるもののほか、内部の整理に必要な諸規則を定めることができる。

第五十二条
衆議院議員と貴族院議員は、議会の中で発言した意見や投票行動について、院外において責任を問われることはない。ただし、議員自らがその発言を、演説・刊行・筆記その他の方法で議会の外に知らせたときは、法律によって処分される可能性がある。

諮詢ニ応ヘ重要ノ国務ヲ審議ス

第五章　司法

第五十七条

一　司法権ハ天皇ノ名ニ於テ法律ニ依リ裁判所之ヲ行フ

二　裁判所ノ構成ハ法律ヲ以テ之ヲ定ム

第五十八条

一　裁判官ハ法律ニ定メタル資格ヲ具フル者ヲ以テ之ニ任ス

二　裁判官ハ刑法ノ宣告又ハ懲戒ノ処分ニ由ルノ外其ノ職ヲ免セラルヽコトナシ

三　懲戒ノ条規ハ法律ヲ以テ之ヲ定ム

第五十九条

裁判ノ対審判決ハ之ヲ公開ス但シ安寧秩序又ハ

第五十三条

衆議院議員と貴族院議員は、現行犯とスパイをしたときは例外だが、それ以外の犯罪を犯したとしても、会期中、その議員の所属する院が許さない限り、逮捕されない。

第五十四条

国務大臣と政府委員はいつでも貴衆両院に出席し、発言することができる。

第四章　国務大臣及枢密顧問

第五十五条

一　国務大臣は天皇を輔弼し、その責任を負う。

二　あらゆる法律勅令、詔勅にも国務大臣の副署が必要である。

第五十六条

枢密顧問官は、枢密院官制の定めるところによ

風俗ヲ害スルノ虞アルトキハ法律ニ依リ又ハ裁判所ノ決議ヲ以テ対審ノ公開ヲ停ムルコトヲ得

第六十条

特別裁判所ノ管轄ニ属スヘキモノハ別ニ法律ヲ以テ之ヲ定ム

第六十一条

行政官庁ノ違法処分ニ由リ権利ヲ傷害セラレタリトスルノ訴訟ニシテ別ニ法律ヲ以テ定メタル行政裁判所ノ裁判ニ属スヘキモノハ司法裁判所ニ於テ受理スルノ限ニ在ラス

第六章　会計

第六十二条

一　新ニ租税ヲ課シ及税率ヲ変更スルハ法律ヲ以テ之ヲ定ムヘシ

り、天皇の諮詢に応え、重要な国務を審議する。

第五章　司法

第五十七条

一　司法権は、天皇の名前において、法律の定めるところによって、裁判所が裁判を行う。

二　裁判所の構成は法律で定める。

第五十八条

一　裁判官には、法律に定めた資格を備えるものがなれる。

二　裁判官は、刑法や裁判所内の懲戒処分によるほかは、免職されない。

三　裁判官を免職させる方法は法律で定める。

第五十九条

裁判の対審判決は公開する。ただし、公序良俗を害する恐れがあるときは、法律によって、ま

二　但シ報償ニ属スル行政上ノ手数料及其ノ他ノ収納金ハ前項ノ限ニ在ラス

三　国債ヲ起シ及予算ニ定メタルモノヲ除ク外国庫ノ負担トナルヘキ契約ヲ為スハ帝国議会ノ協賛ヲ経ヘシ

第六十三条

現行ノ租税ハ更ニ法律ヲ以テ之ヲ改メサル限ハ旧ニ依リ之ヲ徴収ス

第六十四条

一　国家ノ歳出歳入ハ毎年予算ヲ以テ帝国議会ノ協賛ヲ経ヘシ

二　予算ノ款項ニ超過シ又ハ予算ノ外ニ生シタル支出アルトキハ後日帝国議会ノ承諾ヲ求ムルヲ要ス

たは裁判所の決議で、対審の公開を止めることができる。

第六十条

特別裁判所の管轄に属すべきものは、別に法律で定める。

第六十一条

行政官庁の違法行為によって権利が侵害されたと訴えた裁判であって、別に法律で定めた行政裁判所でやるべき裁判は、普通の司法裁判所で受理しなくてよいことにする。

第六章　会計

第六十二条

一　新たに税金を取ったり税率を変更するときは、法律で定めなければならない。

二　ただし行政の手数料など、細かい例外はある。

第六十五条
予算ハ前ニ衆議院ニ提出スヘシ

第六十六条
皇室経費ハ現在ノ定額ニ依リ毎年国庫ヨリ之ヲ支出シ将来増額ヲ要スル場合ヲ除ク外帝国議会ノ協賛ヲ要セス

第六十七条
憲法上ノ大権ニ基ツケル既定ノ歳出及法律ノ結果ニ由リ又ハ法律上政府ノ義務ニ属スル歳出ハ政府ノ同意ナクシテ帝国議会之ヲ廃除シ又ハ削減スルコトヲ得ス

第六十八条
特別ノ須要ニ因リ政府ハ予メ年限ヲ定メ継続費トシテ帝国議会ノ協賛ヲ求ムルコトヲ得

三　政府が借金したり、国民に納めてもらった税金に負担をかけるような契約をするとき、すでに予算で定めたものを除けば、帝国議会の賛同がなければできない。

第六十三条
現行の租税は、法律で改めない限りは旧来通りに徴収する。

第六十四条
一　国家の歳出・歳入は、毎年、予算で帝国議会の同意を得なければならない。
二　予算の項目を超過したり、予算の他に生じた支出があったときは、後日帝国議会の承認を求めなければならない。

第六十五条
予算は先に衆議院に提出しなければならない。

第六十九条
避クヘカラサル予算ノ不足ヲ補フ為ニ又ハ予算ノ外ニ生シタル必要ノ費用ニ充ツル為ニ予備費ヲ設クヘシ

第七十条
一　公共ノ安全ヲ保持スル為緊急ノ需用アル場合ニ於テ内外ノ情形ニ因リ政府ハ帝国議会ヲ召集スルコト能ハサルトキハ勅令ニ依リ財政上必要ノ処分ヲ為スコトヲ得
二　前項ノ場合ニ於テハ次ノ会期ニ於テ帝国議会ニ提出シ其ノ承諾ヲ求ムルヲ要ス

第七十一条
帝国議会ニ於テ予算ヲ議定セス又ハ予算成立ニ至ラサルトキハ政府ハ前年度ノ予算ヲ施行スヘシ

第六十六条
皇室経費は現在決まっている額を毎年国庫から支出するが、もしもこの額を増やす場合は帝国議会の同意が必要だが、それ以外は賛同の必要はない。

第六十七条
憲法上の大権による歳出、法律の結果、または法律上政府の義務である歳出は、政府の同意がなければ、帝国議会が勝手に排除したり削減したりすることはできない。

第六十八条
特別な必要がある場合には、政府は予め年限を決め、帝国議会の賛同があれば継続費を設けることができる。

第六十九条

第七十二条

一　国家ノ歳出歳入ノ決算ハ会計検査院之ヲ検査確定シ政府ハ其ノ検査報告ト倶ニ之ヲ帝国議会ニ提出スヘシ

二　会計検査院ノ組織及職権ハ法律ヲ以テ之ヲ定ム

第七章　補則

第七十三条

一　将来此ノ憲法ノ条項ヲ改正スルノ必要アルトキハ勅命ヲ以テ議案ヲ帝国議会ノ議ニ付スヘシ

二　此ノ場合ニ於テ両議院ハ各々其ノ総員三分ノ二以上出席スルニ非サレハ議事ヲ開クコトヲ得ス出席議員三分ノ二以上ノ多数ヲ得ルニ非サレハ改正ノ議決ヲ為スコトヲ得ス

避けることができない予算の不足を補うためと、予算外に生じた必要な費用に充てるため、予備費を設けなければならない。

第七十条

一　公共の安全を守るために緊急の必要がある場合で、客観状況が許さず帝国議会を召集することができないときは、政府は勅令によって財政上必要な処置をとることができる。

二　前項の緊急財政処分をした場合、次の会期に帝国議会に提出しなければならず、その承諾を求めなければならない。

第七十一条

帝国議会で予算を審議しない、または成立しないときは前年度予算を執行できる。

第七十二条

第七十四条
一　皇室典範ノ改正ハ帝国議会ノ議ヲ経ルヲ要セス
二　皇室典範ヲ以テ此ノ憲法ノ条規ヲ変更スルコトヲ得ス

第七十五条
憲法及皇室典範ハ摂政ヲ置クノ間之ヲ変更スルコトヲ得ス

第七十六条
一　法律規則命令又ハ何等ノ名称ヲ用ヰタルニ拘ラス此ノ憲法ニ矛盾セサル現行ノ法令ハ総テ遵由ノ効力ヲ有ス
二　歳出上政府ノ義務ニ係ル現在ノ契約又ハ命令ハ総テ第六十七条ノ例ニ依ル

一　国家の歳出・歳入の決算は、会計検査院が検査確定し、政府はその検査報告とともにこれを帝国議会に提出しなければならない。
二　会計検査院の組織および職権は法律で定める。

第七章　補則

第七十三条
一　将来この憲法の条項を改正する必要があるときは、天皇陛下の命令で議案を帝国議会の議に付さなければならない。
二　この場合、衆議院と貴族院はそれぞれの三分の二以上が出席していなければ議事を開くことができない。その出席議員の三分の二以上の多数を得なければ、改正の議決をすることはできない。

第七十四条
一　皇室典範の改正は帝国議会の議決を必要と

しない。

二　皇室典範で憲法の条文を変えてはいけない。

第七十五条

憲法と皇室典範は、摂政を置いている間は変更することができない。

第七十六条

一　法律・規則・命令またはどんな名称を用いていても、この憲法に矛盾しない、帝国憲法成立時点での法令は、すべて遵守《じゅんしゅ》しなければならない効力を持っている。

二　歳出に関連して政府の義務に関わる契約や命令は、すべて第六十七条（本当に国家に必要な予算を帝国議会が勝手に減らしてはいけない）と同じである。

＊ルビは著者による

※現代語訳は倉山満氏の『口語訳 日本国憲法・大日本帝国憲法』（KADOKAWA）を参考にさせていただいた。

日本国憲法

昭和二一（一九四六）年一一月三日公布
昭和二二（一九四七）年五月三日施行

日本国憲法

前文

日本国民は、正当に選挙された国会における代表者を通じて行動し、われらとわれらの子孫のために、諸国民との協和による成果と、わが国全土にわたつて自由のもたらす恵沢を確保し、政府の行為によつて再び戦争の惨禍《さんか》が起ることのないやうにすることを決意し、ここに主権が国民に存することを宣言し、この憲法を確定する。そもそも国政は、国民の厳粛な信託によるものであつて、その権威は国民に由来し、その権力は国民の代表者がこれを行使し、その福利は国民がこれを享受する。これは人類普遍の原理であり、この憲法は、かかる原理に基くものである。われらは、これに反する一切の憲法、法令及び詔勅《しょうちょく》を排除する。

日本国民は、恒久の平和を念願し、人間相互の関係を支配する崇高な理想を深く自覚するのであつて、平和を愛する諸国民の公正と信義に信頼して、われらの安全と生存を保持しようと決意した。われらは、平和を維持し、専制と隷従《れいじゅう》、圧迫と偏狭を地上から永遠に除去しようと努めてゐる国際社会において、名誉ある地位を占めたいと思ふ。われらは、全世界の国民が、ひとしく恐怖と欠乏から免かれ、平和のうちに生存する権利を有することを確認する。

われらは、いづれの国家も、自国のことのみに専念して他国を無視してはならないのであつて、政治道徳の法則は、普遍的なものであり、この法則に従ふことは、自国の主権を維持し、他国と対等関係に立たうとする各国の責務であると信ずる。

日本国民は、国家の名誉にかけ、全力をあげてこの崇高な理想と目的を達成することを誓ふ。

第一章　天皇

第一条　天皇は、日本国の象徴であり日本国民統合の象徴であつて、この地位は、主権の存する日本国民の総意に基く。

第二条　皇位は、世襲のものであつて、国会の議決した皇室典範の定めるところにより、これを継承する。

第三条　天皇の国事に関するすべての行為には、内閣の助言と承認を必要とし、内閣が、その責任を負ふ。

第四条　天皇は、この憲法の定める国事に関する行為のみを行ひ、国政に関する権能を有しない。

②　天皇は、法律の定めるところにより、その国事に関する行為を委任することができる。

第五条　皇室典範の定めるところにより摂政《せっしょう》を置くときは、摂政は、天皇の名でその国事に関する行為を行ふ。この場合には、前条第一項の規定を準用する。

第六条　天皇は、国会の指名に基いて、内閣総理大臣を任命する。

②　天皇は、内閣の指名に基いて、最高裁判所の長たる裁判官を任命する。

第七条　天皇は、内閣の助言と承認により、国民のために、左の国事に関する行為を行ふ。

一　憲法改正、法律、政令及び条約を公布すること。

二　国会を召集すること。

三　衆議院を解散すること。

四　国会議員の総選挙の施行を公示すること。

五　国務大臣及び法律の定めるその他の官吏の任免並びに全権委任状及び大使及び公使の信任状を認証すること。

六　大赦《たいしゃ》、特赦、減刑、刑の執行の免除及び復権を認証すること。

七　栄典を授与すること。

八　批准書及び法律の定めるその他の外交文書を認証すること。

九　外国の大使及び公使を接受すること。

十　儀式を行ふこと。

第八条　皇室に財産を譲り渡し、又は皇室が、財産を譲り受け、若《も》しくは賜与《しよ》することは、国会の議決に基かなければならない。

第二章　戦争の放棄

第九条　日本国民は、正義と秩序を基調とする国際平和を誠実に希求し、国権の発動たる戦争と、武力による威嚇《いかく》又は武力の行使は、国際紛争を解決する手段としては、永久にこれを放棄する。

②　前項の目的を達するため、陸海空軍その他の戦力は、これを保持しない。国の交戦権は、これを認めない。

第三章　国民の権利及び義務

第十条　日本国民たる要件は、法律でこれを定める。

第十一条　国民は、すべての基本的人権の享有を妨げられない。この憲法が国民に保障する基本的人権は、侵すことのできない永久の権利として、現在及び将来の国民に与へられる。

第十二条　この憲法が国民に保障する自由及び権利は、国民の不断の努力によつて、これを保持しなければならない。又、国民は、これを濫用《らんよう》してはならないのであつて、常に公共の福祉のためにこれを利用する責任を負ふ。

第十三条　すべて国民は、個人として尊重される。生命、自由及び幸福追求に対する国民の権利については、公共の福祉に反しない限り、立法その他の国政の上で、最大の尊重を必要とする。

第十四条　すべて国民は、法の下に平等であつて、人種、信条、性別、社会的身分又は門地《もんち》により、政治的、経済的又は社会的関係において、差別されない。

②　華族その他の貴族の制度は、これを認めない。

③　栄誉、勲章その他の栄典の授与は、いかなる特権も伴はない。栄典の授与は、現にこれを有し、又は将来これを受ける者の一代に限り、その効力を有する。

第十五条　公務員を選定し、及びこれを罷免《ひめん》することは、国民固有の権利である。

②　すべて公務員は、全体の奉仕者であつて、一部の奉仕者ではない。

③　公務員の選挙については、成年者による普通選挙を保障する。

④　すべて選挙における投票の秘密は、これを侵してはならない。選挙人は、その選択に関し公的にも私的にも責任を問はれない。

第十六条　何人も、損害の救済、公務員の罷免、法律、命令又は規則の制定、廃止又は改正その他の事項に関し、平穏に請願する権利を有し、何人も、かかる請願をしたためにいかなる差別待遇も受けない。

第十七条　何人も、公務員の不法行為により、損害を受けたときは、法律の定めるところにより、国又は公共団体に、その賠償を求めることができる。

第十八条　何人も、いかなる奴隷的拘束も受けない。又、犯罪に因《よ》る処罰の場合を除いては、その意に反する苦役《くえき》に服させられない。

第十九条　思想及び良心の自由は、これを侵してはならない。

第二十条　信教の自由は、何人に対してもこれを保障する。いかなる宗教団体も、国から特権を受け、又は政治上の権力を行使してはならない。

②　何人も、宗教上の行為、祝典、儀式又は行事に参加することを強制されない。

③　国及びその機関は、宗教教育その他いかなる宗教的活動もしてはならない。

第二十一条　集会、結社及び言論、出版その他一切の表現の自由は、これを保障する。

② 検閲は、これをしてはならない。通信の秘密は、これを侵してはならない。

第二十二条 何人も、公共の福祉に反しない限り、居住、移転及び職業選択の自由を有する。

② 何人も、外国に移住し、又は国籍を離脱する自由を侵されない。

第二十三条 学問の自由は、これを保障する。

第二十四条 婚姻は、両性の合意のみに基いて成立し、夫婦が同等の権利を有することを基本として、相互の協力により、維持されなければならない。

② 配偶者の選択、財産権、相続、住居の選定、離婚並びに婚姻及び家族に関するその他の事項に関しては、法律は、個人の尊厳と両性の本質的平等に立脚して、制定されなければならない。

第二十五条 すべて国民は、健康で文化的な最低限度の生活を営む権利を有する。

② 国は、すべての生活部面について、社会福祉、社会保障及び公衆衛生の向上及び増進に努めなければならない。

第二十六条 すべて国民は、法律の定めるところにより、その能力に応じて、ひとしく教育を受ける権利を有する。

② すべて国民は、法律の定めるところにより、その保護する子女《しじょ》に普通教育を受けさせる義務を負ふ。義務教育は、これを無償とする。

第二十七条 すべて国民は、勤労の権利を有し、義務を負ふ。

② 賃金、就業時間、休息その他の勤労条件に関する基準は、法律でこれを定める。

③ 児童は、これを酷使してはならない。

第二十八条 勤労者の団結する権利及び団体交渉その他の団体行動をする権利は、これを保障する。

第二十九条 財産権は、これを侵してはならない。

② 財産権の内容は、公共の福祉に適合するやうに、法律でこれを定める。

③ 私有財産は、正当な補償の下に、これを公共

のために用ひることができる。

第三十条　国民は、法律の定めるところにより、納税の義務を負ふ。

第三十一条　何人も、法律の定める手続によらなければ、その生命若しくは自由を奪はれ、又はその他の刑罰を科せられない。

第三十二条　何人も、裁判所において裁判を受ける権利を奪はれない。

第三十三条　何人も、現行犯として逮捕される場合を除いては、権限を有する司法官憲が発し、且つ理由となつてゐる犯罪を明示する令状によらなければ、逮捕されない。

第三十四条　何人も、理由を直ちに告げられ、且つ、直ちに弁護人に依頼する権利を与へられなければ、抑留又は拘禁されない。又、何人も、正当な理由がなければ、拘禁されず、要求があれば、その理由は、直ちに本人及びその弁護人の出席する公開の法廷で示されなければならない。

第三十五条　何人も、その住居、書類及び所持品について、侵入、捜索及び押収を受けることのない権利は、第三十三条の場合を除いては、正当な理由に基いて発せられ、且つ捜索する場所及び押収する物を明示する令状がなければ、侵されない。

②　捜索又は押収は、権限を有する司法官憲が発する各別の令状により、これを行ふ。

第三十六条　公務員による拷問及び残虐な刑罰は、絶対にこれを禁ずる。

第三十七条　すべて刑事事件においては、被告人は、公平な裁判所の迅速な公開裁判を受ける権利を有する。

②　刑事被告人は、すべての証人に対して審問する機会を充分に与へられ、又、公費で自己のために強制的手続により証人を求める権利を有する。

③　刑事被告人は、いかなる場合にも、資格を有する弁護人を依頼することができる。被告人が自らこれを依頼することができないときは、国でこ

れを附する。
第三十八条　何人も、自己に不利益な供述を強要されない。
②　強制、拷問若しくは脅迫による自白又は不当に長く抑留若しくは拘禁された後の自白は、これを証拠とすることができない。
③　何人も、自己に不利益な唯一の証拠が本人の自白である場合には、有罪とされ、又は刑罰を科せられない。
第三十九条　何人も、実行の時に適法であつた行為又は既に無罪とされた行為については、刑事上の責任を問はれない。又、同一の犯罪について、重ねて刑事上の責任を問はれない。
第四十条　何人も、抑留又は拘禁された後、無罪の裁判を受けたときは、法律の定めるところにより、国にその補償を求めることができる。

第四章　国会

第四十一条　国会は、国権の最高機関であつて、国の唯一の立法機関である。
第四十二条　国会は、衆議院及び参議院の両議院でこれを構成する。
第四十三条　両議院は、全国民を代表する選挙された議員でこれを組織する。
②　両議院の議員の定数は、法律でこれを定める。
第四十四条　両議院の議員及びその選挙人の資格は、法律でこれを定める。但し、人種、信条、性別、社会的身分、門地、教育、財産又は収入によつて差別してはならない。
第四十五条　衆議院議員の任期は、四年とする。但し、衆議院解散の場合には、その期間満了前に終了する。
第四十六条　参議院議員の任期は、六年とし、三年ごとに議員の半数を改選する。
第四十七条　選挙区、投票の方法その他両議院の議員の選挙に関する事項は、法律でこれを定める。

第四十八条　何人も、同時に両議院の議員たることはできない。

第四十九条　両議院の議員は、法律の定めるところにより、国庫から相当額の歳費を受ける。

第五十条　両議院の議員は、法律の定める場合を除いては、国会の会期中逮捕されず、会期前に逮捕された議員は、その議院の要求があれば、会期中これを釈放しなければならない。

第五十一条　両議院の議員は、議院で行つた演説、討論又は表決について、院外で責任を問はれない。

第五十二条　国会の常会は、毎年一回これを召集する。

第五十三条　内閣は、国会の臨時会の召集を決定することができる。いづれかの議院の総議員の四分の一以上の要求があれば、内閣は、その召集を決定しなければならない。

第五十四条　衆議院が解散されたときは、解散の日から四十日以内に、衆議院議員の総選挙を行ひ、その選挙の日から三十日以内に、国会を召集しなければならない。

②　衆議院が解散されたときは、参議院は、同時に閉会となる。但し、内閣は、国に緊急の必要があるときは、参議院の緊急集会を求めることができる。

③　前項但書の緊急集会において採られた措置は、臨時のものであつて、次の国会開会の後十日以内に、衆議院の同意がない場合には、その効力を失ふ。

第五十五条　両議院は、各々その議員の資格に関する争訟《そうしょう》を裁判する。但し、議員の議席を失はせるには、出席議員の三分の二以上の多数による議決を必要とする。

第五十六条　両議院は、各々その総議員の三分の一以上の出席がなければ、議事を開き議決することができない。

②　両議院の議事は、この憲法に特別の定《さだめ》のある場合を除いては、出席議員の過半数でこれを決し、

可否同数のときは、議長の決するところによる。

第五十七条　両議院の会議は、公開とする。但し、出席議員の三分の二以上の多数で議決したときは、秘密会を開くことができる。

② 両議院は、各々その会議の記録を保存し、秘密会の記録の中で特に秘密を要すると認められるもの以外は、これを公表し、且つ一般に頒布《はんぷ》しなければならない。

③ 出席議員の五分の一以上の要求があれば、各議員の表決は、これを会議録に記載しなければならない。

第五十八条　両議院は、各々その議長その他の役員を選任する。

② 両議院は、各々その会議その他の手続及び内部の規律に関する規則を定め、又、院内の秩序をみだした議員を懲罰することができる。但し、議員を除名するには、出席議員の三分の二以上の多数による議決を必要とする。

第五十九条　法律案は、この憲法に特別の定のある場合を除いては、両議院で可決したとき法律となる。

② 衆議院で可決し、参議院でこれと異なつた議決をした法律案は、衆議院で出席議員の三分の二以上の多数で再び可決したときは、法律となる。

③ 前項の規定は、法律の定めるところにより、衆議院が、両議院の協議会を開くことを求めることを妨げない。

④ 参議院が、衆議院の可決した法律案を受け取つた後、国会休会中の期間を除いて六十日以内に、議決しないときは、衆議院は、参議院がその法律案を否決したものとみなすことができる。

第六十条　予算は、さきに衆議院に提出しなければならない。

② 予算について、参議院で衆議院と異なつた議決をした場合に、法律の定めるところにより、両議院の協議会を開いても意見が一致しないとき、

又は参議院が、衆議院の可決した予算を受け取つた後、国会休会中の期間を除いて三十日以内に、議決しないときは、衆議院の議決を国会の議決とする。

第六十一条　条約の締結に必要な国会の承認については、前条第二項の規定を準用する。

第六十二条　両議院は、各々国政に関する調査を行ひ、これに関して、証人の出頭及び証言並びに記録の提出を要求することができる。

第六十三条　内閣総理大臣その他の国務大臣は、両議院の一に議席を有すると有しないとにかかはらず、何時でも議案について発言するため議院に出席することができる。又、答弁又は説明のため出席を求められたときは、出席しなければならない。

第六十四条　国会は、罷免《ひめん》の訴追を受けた裁判官を裁判するため、両議院の議員で組織する弾劾《だんがい》裁判所を設ける。

②　弾劾に関する事項は、法律でこれを定める。

第五章　内閣

第六十五条　行政権は、内閣に属する。

第六十六条　内閣は、法律の定めるところにより、その首長たる内閣総理大臣及びその他の国務大臣でこれを組織する。

②　内閣総理大臣その他の国務大臣は、文民でなければならない。

③　内閣は、行政権の行使について、国会に対し連帯して責任を負ふ。

第六十七条　内閣総理大臣は、国会議員の中から国会の議決で、これを指名する。この指名は、他のすべての案件に先だつて、これを行ふ。

②　衆議院と参議院とが異なつた指名の議決をした場合に、法律の定めるところにより、両議院の協議会を開いても意見が一致しないとき、又は衆議院が指名の議決をした後、国会休会中の期間を除いて十日以内に、参議院が、指名の議決をしないときは、衆議院の議決を国会の議決とする。

第六十八条　内閣総理大臣は、国務大臣を任命する。但し、その過半数は、国会議員の中から選ばれなければならない。

② 内閣総理大臣は、任意に国務大臣を罷免することができる。

第六十九条　内閣は、衆議院で不信任の決議案を可決し、又は信任の決議案を否決したときは、十日以内に衆議院が解散されない限り、総辞職をしなければならない。

第七十条　内閣総理大臣が欠けたとき、又は衆議院議員総選挙の後に初めて国会の召集があつたときは、内閣は、総辞職をしなければならない。

第七十一条　前二条の場合には、内閣は、あらたに内閣総理大臣が任命されるまで引き続きその職務を行ふ。

第七十二条　内閣総理大臣は、内閣を代表して議案を国会に提出し、一般国務及び外交関係について国会に報告し、並びに行政各部を指揮監督する。

第七十三条　内閣は、他の一般行政事務の外《ほか》、左の事務を行ふ。

一　法律を誠実に執行し、国務を総理すること。

二　外交関係を処理すること。

三　条約を締結すること。但し、事前に、時宜《じぎ》によつては事後に、国会の承認を経ることを必要とする。

四　法律の定める基準に従ひ、官吏に関する事務を掌理《しょうり》すること。

五　予算を作成して国会に提出すること。

六　この憲法及び法律の規定を実施するために、政令を制定すること。但し、政令には、特にその法律の委任がある場合を除いては、罰則を設けることができない。

七　大赦、特赦、減刑、刑の執行の免除及び復権を決定すること。

第七十四条　法律及び政令には、すべて主任の国務大臣が署名し、内閣総理大臣が連署することを必要とする。

第七十五条　国務大臣は、その在任中、内閣総理大臣の同意がなければ、訴追されない。但し、これがため、訴追の権利は、害されない。

第六章　司法

第七十六条　すべて司法権は、最高裁判所及び法律の定めるところにより設置する下級裁判所に属する。

②　特別裁判所は、これを設置することができない。行政機関は、終審として裁判を行ふことができない。

③　すべて裁判官は、その良心に従ひ独立してその職権を行ひ、この憲法及び法律にのみ拘束される。

第七十七条　最高裁判所は、訴訟に関する手続、弁護士、裁判所の内部規律及び司法事務処理に関する事項について、規則を定める権限を有する。

②　検察官は、最高裁判所の定める規則に従はなければならない。

③　最高裁判所は、下級裁判所に関する規則を定める権限を、下級裁判所に委任することができる。

第七十八条　裁判官は、裁判により、心身の故障のために職務を執《と》ることができないと決定された場合を除いては、公の弾劾によらなければ罷免されない。裁判官の懲戒処分は、行政機関がこれを行ふことはできない。

第七十九条　最高裁判所は、その長たる裁判官及び法律の定める員数のその他の裁判官でこれを構成し、その長たる裁判官以外の裁判官は、内閣でこれを任命する。

②　最高裁判所の裁判官の任命は、その任命後初めて行はれる衆議院議員総選挙の際国民の審査に付し、その後十年を経過した後初めて行はれる衆議院議員総選挙の際更に審査に付し、その後も同様とする。

③　前項の場合において、投票者の多数が裁判官

の罷免を可とするときは、その裁判官は、罷免される。
④　審査に関する事項は、法律でこれを定める。
⑤　最高裁判所の裁判官は、法律の定める年齢に達した時に退官する。
⑥　最高裁判所の裁判官は、すべて定期に相当額の報酬を受ける。この報酬は、在任中、これを減額することができない。
第八十条　下級裁判所の裁判官は、最高裁判所の指名した者の名簿によつて、内閣でこれを任命する。その裁判官は、任期を十年とし、再任されることができる。但し、法律の定める年齢に達した時には退官する。
②　下級裁判所の裁判官は、すべて定期に相当額の報酬を受ける。この報酬は、在任中、これを減額することができない。
第八十一条　最高裁判所は、一切の法律、命令、規則又は処分が憲法に適合するかしないかを決定する権限を有する終審裁判所である。
第八十二条　裁判の対審及び判決は、公開法廷でこれを行ふ。
②　裁判所が、裁判官の全員一致で、公の秩序又は善良の風俗を害する虞《おそれ》があると決した場合には、対審は、公開しないでこれを行ふことができる。但し、政治犯罪、出版に関する犯罪又はこの憲法第三章で保障する国民の権利が問題となつてゐる事件の対審は、常にこれを公開しなければならない。

第七章　財政

第八十三条　国の財政を処理する権限は、国会の議決に基いて、これを行使しなければならない。
第八十四条　あらたに租税を課し、又は現行の租税を変更するには、法律又は法律の定める条件によることを必要とする。
第八十五条　国費を支出し、又は国が債務を負担するには、国会の議決に基くことを必要とする。

第八十六条　内閣は、毎会計年度の予算を作成し、国会に提出して、その審議を受け議決を経なければならない。

第八十七条　予見し難い予算の不足に充てるため、国会の議決に基いて予備費を設け、内閣の責任でこれを支出することができる。

②　すべて予備費の支出については、内閣は、事後に国会の承諾を得なければならない。

第八十八条　すべて皇室財産は、国に属する。すべて皇室の費用は、予算に計上して国会の議決を経なければならない。

第八十九条　公金その他の公の財産は、宗教上の組織若しくは団体の使用、便益若しくは維持のため、又は公の支配に属しない慈善、教育若しくは博愛の事業に対し、これを支出し、又はその利用に供してはならない。

第九十条　国の収入支出の決算は、すべて毎年会計検査院がこれを検査し、内閣は、次の年度に、その検査報告とともに、これを国会に提出しなければならない。

②　会計検査院の組織及び権限は、法律でこれを定める。

第九十一条　内閣は、国会及び国民に対し、定期に、少くとも毎年一回、国の財政状況について報告しなければならない。

第八章　地方自治

第九十二条　地方公共団体の組織及び運営に関する事項は、地方自治の本旨に基いて、法律でこれを定める。

第九十三条　地方公共団体には、法律の定めるところにより、その議事機関として議会を設置する。

②　地方公共団体の長、その議会の議員及び法律の定めるその他の吏員《りいん》は、その地方公共団体の住民が、直接これを選挙する。

第九十四条　地方公共団体は、その財産を管理し、事務を処理し、及び行政を執行する権能を有し、法律の範囲内で条例を制定することができる。

第九十五条　一の地方公共団体のみに適用される特別法は、法律の定めるところにより、その地方公共団体の住民の投票においてその過半数の同意を得なければ、国会は、これを制定することができない。

第九章　改正

第九十六条　この憲法の改正は、各議院の総議員の三分の二以上の賛成で、国会が、これを発議し、国民に提案してその承認を経なければならない。この承認には、特別の国民投票又は国会の定める選挙の際行はれる投票において、その過半数の賛成を必要とする。

②　憲法改正について前項の承認を経たときは、天皇は、国民の名で、この憲法と一体を成すものとして、直ちにこれを公布する。

第十章　最高法規

第九十七条　この憲法が日本国民に保障する基本的人権は、人類の多年にわたる自由獲得の努力の成果であつて、これらの権利は、過去幾多の試錬に堪へ、現在及び将来の国民に対し、侵すことのできない永久の権利として信託されたものである。

第九十八条　この憲法は、国の最高法規であつて、その条規に反する法律、命令、詔勅及び国務に関するその他の行為の全部又は一部は、その効力を有しない。

②　日本国が締結した条約及び確立された国際法規は、これを誠実に遵守することを必要とする。

第九十九条　天皇又は摂政及び国務大臣、国会議員、裁判官その他の公務員は、この憲法を尊重し擁護する義務を負ふ。

第十一章　補則

第百条　この憲法は、公布の日から起算して六箇月を経過した日から、これを施行する。

②　この憲法を施行するために必要な法律の制定、参議院議員の選挙及び国会召集の手続並びにこの憲法を施行するために必要な準備手続は、前項の期日よりも前に、これを行ふことができる。

第百一条　この憲法施行の際、参議院がまだ成立してゐないときは、その成立するまでの間、衆議院は、国会としての権限を行ふ。

第百二条　この憲法による第一期の参議院議員のうち、その半数の者の任期は、これを三年とする。その議員は、法律の定めるところにより、これを定める。

第百三条　この憲法施行の際現に在職する国務大臣、衆議院議員及び裁判官並びにその他の公務員で、その地位に相応する地位がこの憲法で認められてゐる者は、法律で特別の定をした場合を除いては、この憲法施行のため、当然にはその地位を失ふことはない。但し、この憲法によつて、後任者が選挙又は任命されたときは、当然その地位を失ふ。

＊ルビは著者による

●主要参考文献

『憲法』芦部信喜（岩波書店）
『吉田茂という反省』阿羅健一、杉原誠四郎（自由社）
『戦う者たちへ』荒谷卓（並木書房）
『憲法義解』伊藤博文（岩波文庫）
『閉された言語空間』江藤淳（文春文庫）
『一九四六年憲法――その拘束』江藤淳（文春学藝ライブラリー）
『日本永久占領』片岡鉄哉（講談社＋α文庫）
『核武装なき「改憲」は国を滅ぼす』片岡鉄哉（ビジネス社）
『世界を震撼させた日本人』門田隆将・高山正之（SB新書）
『口語訳　日本国憲法・大日本帝国憲法』倉山満（KADOKAWA）
『帝国議会会議録』（国立国会図書館）
『国会会議録』（国立国会図書館）
『WGIP 日本を狂わせた洗脳工作』関野通夫（ハート出版）
『「日本を解体する」戦争プロパガンダの現在』高橋史朗（宝島社）
『歴史の真贋』西尾幹二（新潮社）

『GHQ焚書図書開封1』西尾幹二（徳間文庫カレッジ）
『核武装論』西部邁（講談社現代新書）
『日本人に「憲法」は要らない』西村幸祐（ベスト新書）
『「反日」の構造』西村幸祐（文芸社文庫）
『文明論之概略』福澤諭吉（岩波文庫）
『学問のすゝめ』福澤諭吉（岩波文庫）
『魂の昭和史』福田和也（小学館文庫）
『福田恆存評論集　第8巻』福田恆存（麗澤大学出版会）
『三島由紀夫と日本国憲法』藤野博（勉誠出版）
『文化防衛論』三島由紀夫（ちくま文庫）
『決定版　三島由紀夫全集　36』三島由紀夫（新潮社）
『天下人の一級史料』山本博文（柏書房）
August 15, 2016 Hillary Clinton Campaign Event in Scranton
（https://www.c-span.org/video/?413979-1/vice-president-biden-campaigns-hillary-clinton-scranton）
産経新聞／朝日新聞／読売新聞／日本経済新聞／「群像」二〇一七年第三号／「月刊正論」令和四年五月号／「月刊Hanada」令和四年五月号／「月刊WiLL」令和四年五月号

九条という病

憲法改正のみが日本を救う

著者　西村幸祐

２０２２年７月５日　初版発行
２０２２年８月10日　２版発行

西村幸祐（にしむら・こうゆう）
批評家。昭和27年東京生まれ。慶應義塾大学文学部哲学科在学中より「三田文学」編集担当。音楽ディレクター、コピーライター等を経て１９８０年代後半からＦ１やサッカーを取材、執筆活動を開始。２００２年日韓共催Ｗ杯を契機に歴史認識や拉致問題、安全保障やメディア論を展開。「表現者」編集委員を務め「撃論ムック」「ジャパニズム」を創刊し編集長を歴任。（一社）アジア自由民主連帯協議会副会長。著書は『ホンダ・イン・ザ・レース』（講談社）、『「反日」の構造』（文芸社文庫）、『幻の黄金時代』（祥伝社）、『21世紀の「脱亜論」』（祥伝社新書）、『韓国のトリセツ』『報道しない自由』（ワニブックス【ＰＬＵＳ】新書）、『朝日新聞への論理的弔辞』（ワニ・プラス）など多数。

発行者　佐藤俊彦
発行所　株式会社ワニ・プラス
〒１５０-８４８２
東京都渋谷区恵比寿４-４-９　えびす大黒ビル７Ｆ
電話　０３-５４４９-２１７１（編集）
発売元　株式会社ワニブックス
〒１５０-８４８２
東京都渋谷区恵比寿４-４-９　えびす大黒ビル
電話　０３-５４４９-２７１１（代表）
装丁　橘田浩志（アティック）
柏原宗績
ＤＴＰ　株式会社ビュロー平林
印刷・製本所　大日本印刷株式会社

ISBN 978-4-8470-6195-0
ワニブックスＨＰ　https://www.wani.co.jp